सन्नाटे की आवाज

औरत और ट्रांस वूमेन की जिंदगी के
अनछुए पहलुओं पर फोकस

अनिल अनूप

ISBN 978-93-5610-730-4
© Anil Anup 2022
Published in India 2022 by Pencil

Contributors:
Editor: Anjani Kumar Tripathi

A brand of
One Point Six Technologies Pvt. Ltd.
123, Building J2, Shram Seva Premises,
Wadala Truck Terminal, Wadala (E)
Mumbai 400037, Maharashtra, INDIA
E connect@thepencilapp.com
W www.thepencilapp.com

DISCLAIMER: *The opinions expressed in this book are those of the authors and do not purport to reflect the views of the Publisher.*

CONTENTS

Preface

आजाद खयाली का मंथन हो या शर्म की जरूरत का एहसास, खरीदी हुई दुल्हन की खामोशी से लेकर अस्तित्व की तलाश में भटकती हुई जिंदगी के अनकहे शब्द हों, किसी की पहचान की प्रतीक्षा हो या आपबीती की खामोश धड़कनें हों, महसूस तो कर लेते हैं सब लेकिन उसका एहसास किसी को नहीं होता। ऐसी अनकही आवाजों को सिर्फ शब्द दिए हैं मैंने। उसका सूत्रधार कोई और है मैं तो बस एक माध्यम बन उन आवाजों की शाब्दिक गूंज आपको सुनाने भर का काम किया है।

मेरा प्रयास कितना सफल हो पाता ये मालूम नहीं लेकिन कोशिश को आप तक शेयर कर लूं ये कम बड़ी कामयाबी नहीं।

आज़ाद-ख़्याली की इज़्ज़त करना कब सीखेंगे

सामने वाली आंटी बालकनी में ताला लेकर खड़ी हैं. ताले पर टकटकी लगाए सोच रही हैं, इसे कौन से कमरे पर लगाएं?रसोई के सामने वाले गलियारे के दाईं तरफ़ बेटी का कमरा है और बाईं तरफ़ बेटे का. और कान में गूंज रही हैं कुछ नेताओं की हिदायतें.इनके मुताबिक बेटी की सुरक्षा के लिए उसे घर में रखना चाहिए. यानी बेटे को बाहर घूमने देना है, लेकिन बेटी को ताले में बंद रखने में ही भलाई है.आपने भी सुना होगा, हाल ही में दो लड़कियों से बदतमीज़ी का वीडियो वायरल होने के बाद समाजवादी पार्टी के नेता आज़म खान ने कहा था, "जितना हो सके, लड़कियों को घर में ही रखना चाहिए."समस्या थी छेड़खानी और उसका समाधान ये निकाला गया. बस तभी से आंटी सोच में पड़ी हैं. और सोचें भी क्यों ना, वो वीडियो था ही इतना परेशान करनेवाला.

आपने भी अपने किसी वॉट्सऐप ग्रुप में, फ़ेसबुक फ़ीड में या ख़बरों की वेबसाइट पर इसे शायद देखा होगा.वीडियो में दिख रहा था कि दिन-दहाड़े कुछ लड़कों ने दो लड़कियों के साथ

बद्तमीज़ी की, कपड़े खींचे और यहां तक की गोद में भी उठा लिया.वीडियो उन दर्जन-भर लड़कों में से किसी ने बनाया और फिर इसे सोशल मीडिया पर डाल दिया. वीडियो देखकर जितना गुस्सा आया उतनी ही उलझन हुई.जिन आंटी का मैं ज़िक्र कर रहा था, उन्होंने तो हमेशा अंकल से लड़कर अपनी बेटी को घूमने-घामने की ख़ूब छूट दे रखी थी. वो तो देर रात भी लौटती है, और वो भी अकेले.याद है साल 2012 में कोलकाता की सुज़ेट जॉर्डन, जिसका रात में नाइट क्लब से लौटते वक्त गैंगरेप किया गया.

दिल्ली को कैसे भूलें...और जिसके बाद पश्चिम बंगाल की मुख्यमंत्री ममता बैनर्जी ने भी सवाल उठाया कि इतनी रात गए बाहर घूमने की क्या ज़रूरत है?और अपने शहर दिल्ली को कैसे भूलें, जहां की सीएम रहीं शीला दीक्षित ने भी ऐसी ही एक टिप्पणी की थी.जब साल 2008 में एक पत्रकार रात के तीन बजे ऑफ़िस से अपनी कार में घर लौट रही थी तो उसको कुछ गुंडों ने रोकने की कोशिश की थी और जब वो नहीं रुकी तो उसके सिर में गोली मार दी थी.तत्कालीन मुख्यमंत्री शीला दीक्षित ने कहा था, "अकले, रात के तीन बजे, दिल्ली शहर में... इतनी दिलेरी नहीं दिखानी चाहिए."आंटी ने तो हमेशा सोचा कि बेटी को रोकने की नहीं बेटे को समझाने की ज़रूरत है. इसीलिए आज तक दोनों के कमरों के दरवाज़े बेरोकटोक खुले थे.

लेकिन आज़म खान की बात सुनकर अंकल ने जब फिर ज़िद

पकड़ ली कि बेटी की सुरक्षा के लिए उसे घर पर रखो, तो वो भी अड़ गईं.वो बोलीं, "बेटे को घर पर क्यों नहीं रख लेते, फिर तो बेटी बाहर आज़ाद तरीके से घूमने के लिए सुरक्षित होगी."फिर अंकल के हाथ से ताला छीनकर बाहर आ गईं. मैं जानता था नेता लाख ऐसी हिदायतें देते रहें, अंकल उनसे चाहे जितना प्रभावित हों, आंटी तालेवाली नहीं हैं.अंकल पीछे-पीछे आए और कहने लगे कि ये कौनसा नया तरीका हुआ बेटियों को सुरक्षित करने का, भला बेटों को घरों में बंद किया जा सकता है क्या? अगर रोकटोक बेटों को पसंद नहीं तो बेटियों को क्यों होगी? आंटी तिलमिलाकर बोलीं.वैसे भी पूरी दुनिया को दो हिस्सों में बांट देंगे क्या सुरक्षा के नाम पर?साथ रहने दीजिए, घूमने-घामने दीजिए, जानने दीजिए एक-दूसरे को - तभी तो समझेंगे और दूसरे को हिंसा नहीं इज़्ज़त की नज़र से देखेंगे.

अंकल के तर्क शायद ख़त्म हो गए थे. गहरी सांस ली और वही घिसेपिटे आखिरी डिफेंस में बोले- 'जो तुम ठीक समझो, होम डिपार्टमेंट तुम्हारा है', और यह कहकर वो अंदर चले गए.मैं जानती थी, नेता लाख हिदायतें देते रहें, अंकल उनसे चाहे जितना प्रभावित हों, आंटी तालेवाली नहीं हैं. वो मुझे देख मुस्कुराईं और ताला फेंक दिया.आंटी के राज में बेटा और बेटी दोनों आज़ाद रहेंगे और दोनों एक-दूसरे की आज़ाद-ख्याली की इज़्ज़त करना सीखेंगे.काश! अब उनकी बात कुछ और नेता-अंकल-आंटी भी समझ जाएं.

शर्म जरूरत से बड़ी नहीं

"बीसेक साल की थी, जब पहली बार कॉलेज पहुंची। मुझे एक हॉल में ले जाया गया, जहां तेज रोशनी थी और बीच में था पलंगनुमा तख्त। वहीं मुझे बैठना था- एकदम न्यूड। नीचे की देह पर बित्तेभर कपड़े के साथ। कई जोड़ा आंखें मुझे देख रही थीं। देह के एक-एक उभार, एक-एक कटाव पर सबकी नजरें। मैं बिना हिले घंटों बैठी रहती। सांस लेती, तब छाती ऊपर-नीचे होती या पलकें झपकतीं। मुझमें और पत्थर की मूरत में इतना ही फर्क रहा।" एक कमरे के उदास-सीलनभर मकान में कृष्णा किसी टेप-रिकॉर्डर की तरह बोल रही हैं। वे न्यूड मॉडल रह चुकी हैं। मैं मिलने की बात करता हूं तो कुछ उदास-सी आवाज में कहती हैं- 'आ जाओ, लेकिन मेरा घर बहुत छोटा है। मैं अब पहले जैसी सुंदर भी नहीं रही।'

दिल्ली के मदनपुर खादर के तंग रास्ते से होते हुए मैं कृष्णा की गली तक पहुंचा। वो मुझे लेने आई थीं। ऊंचा कद, दुबला-पतला शरीर और लंबी-लंबी उंगलियां। बीच की मांग के साथ कसकर बंधे हुए बाल और आंखों में हल्का-सा काजल। माथे पर

दुपट्टा। देखकर कोई भी अंदाजा नहीं लगा सकता कि लोअर-मिडिल क्लास गृहणी जैसी लगती इस औरत ने 25 साल दिल्ली-NCR के आर्ट स्टूडेंट्स के लिए न्यूड मॉडलिंग की होगी।

सालों तक उनका एक ही रुटीन रहा। सुबह अंधेरा टूटने से पहले जागकर घर के काम निपटाना, फिर नहा-धोकर कॉलेज के लिए निकल जाना। कृष्णा मॉडलिंग के शुरुआती दिनों को याद करती हैं, जब शर्म उनसे ऐसे चिपकी थी, जैसे गरीबी से बीमारियां।

"उत्तर प्रदेश से कमाने-खाने के लिए पति दिल्ली आए तो संग-संग मैं भी चल पड़ी। सोचा था, दिल्ली चकमक होगी, पैसे होंगे और घी चुपड़ी रोटी खाने को मिलेगी, लेकिन हुआ एकदम अलग। यहां सरिता विहार के एक तंग कमरे को पति ने घर बता दिया। सटी हुई रसोई, जहां खिड़की खोलो तो गली वाले गुस्सा करें।

धुआंती रसोई में पटिए पर बैठकर खाना पकाती, अक्सर एक वक्त का। घी चुपड़ी रोटी के नाम पर घी का खाली कनस्तर भी नहीं जुट सका। पति की तनख्वाह इतनी कम कि पैर सिकोड़कर भी खाने को न मिले। तभी किसी जाननेवाली ने कॉलेज जाने को कहा।

मैं लंबी थी। सुंदर। गांव में पला-बढ़ा मजबूत शरीर और खिलता हुआ उजला रंग। बतानेवाली ने कहा कि तुम्हारी

तस्वीर बनाने के पैसे मिलेंगे। कॉलेज पहुंची तो उन्होंने कपड़े उतारने को कह दिया। मैं भड़क गई। कपड़े-लत्ते न उतारूंगी, बनाना हो ऐसे ही बनाओ।

तस्वीर बनी, लेकिन पैसे बहुत थोड़े मिले। फिर बताया गया, कपड़े उतारोगी तो 5 घंटे के 220 रुपए मिलेंगे। ये बहुत बड़ी रकम थी, लेकिन शर्म से बड़ी नहीं। कपड़ों समेत भी मॉडलिंग करती तो शर्म आती कि अनजान लड़के मेरा बदन देख रहे हैं। पहले दो हफ्ते कपड़े उतारने की कोशिश की, लेकिन हाथ जम गए। समझ ही नहीं पा रही थी कि इतने मर्दों के सामने कपड़े खोलूंगी कैसे! खोल भी लिया तो बैठूंगी कैसे!" कृष्णा की आवाज ठोस है, मानो वो वक्त उनकी आवाज में भी जम गया हो।

"दो हफ्ते बाद कमीज उतरी। इसके बाद कपड़े खुलते ही चले गए। बस आंखें बंद रहती थीं। बच्चे डांटते- आंखें खोलिए तो खोलती, फिर मींच लेती।

किस्म-किस्म के पोज करने होते। कभी हाथों को एक तरफ मोड़कर। कभी एक घुटने को ऊपर को उठाकर। कभी सीने पर एक हाथ रखकर। मैं बैठी रहती।"

लंबी बातचीत के बाद कृष्णा कुछ थक जाती हैं। बताती हैं कि "बीते पांच सालों से डायबिटीज ने जकड़ रखा है। वक्त पर रोटी खानी होगी।" वे रसोई में खाना पकाते हुए मुझसे बातें कर रही हैं।

"शुरू में मैं बहुत दुबली थी। लड़के तस्वीर बनाते तो मर्द जैसी दिखती। धीरे-धीरे शरीर भरा। न्यूड बैठती तो सब देखते रह जाते। कहते कि मॉडल बहुत सुंदर है। इसकी तस्वीर अच्छी बनती है। सबकी आंखों में तारीफ रहती, अच्छा लगता था।" कृष्णा बताते हुए हंस रही हैं। आंखों में पुराने दिनों की चमक के साथ।

मैं पूछता हूं- फिगर बनाए रखने के लिए कुछ करती भी थीं क्या? वो कहती हैं- नहीं! मेहनत वाला शरीर है, आप ही आप बना हुआ। हां, बीच में तनिक मोटी हो गई थी तो रोज पार्क में जाती और दौड़ लगाती। फिर पहले जैसे 'शेप' में आ गई।"

कृष्णा जब रोटी बना रही हैं, मैं उनका किचन देख रहा हूं। मुश्किल से दसेक बर्तन। टेढ़ी-पिचकी थाली-कटोरियां। महंगी चीजों के नाम पर एक थर्मस है, जो उन्होंने 'अमीरी' के दिनों में खरीदा था। दीवारें इतनी नीची कि सिर टकराए। वो खुद झुककर अंदर आती-जाती हैं। रसोई से जुड़ा हुआ ही ड्रॉइंगरूम है, यही बेडरूम भी है। दो तख्त पड़े हैं, जिन पर उन समेत घर आए मेहमान भी सोते हैं।

रोटी पक चुकी। अब वे बात करने के लिए तैयार हैं। धीरे-धीरे कहती हैं- पहली बार 2200 रुपए कमाकर घर लाई तो पति भड़क गए। वो 1500 कमाते। शक करने लगे कि मैं कुछ गलत करती हूं। मेरा कॉलेज जाना बंद हो गया। फिर पूछते-पूछाते कॉलेज से एक सर आए।

तब मोबाइल का जमाना नहीं था। वे बड़ी-सी कार लेकर आए थे, जो गली के बाहर खड़ी थी। सर मेरे पति को कॉलेज ले गए और मेरी पोट्रेट दिखाई। कहा कि फोटो बनवाने के पैसे मिलते हैं तुम्हारी पत्नी को। वो इतनी सुंदर जो है। पति खुश हो गए। लौटते हुए छतरी लेकर आए। तब बारिश का मौसम था। हाथ में देकर कहा- अब से रोज कॉलेज जाया कर।

कृष्णा धीमी आवाज में कहती हैं- "सर ने पति को न्यूड के बारे में नहीं बताया था। सारी कपड़ों वाली तस्वीरें ही दिखाईं।"

"काम पर लौट तो गई, लेकिन ये आसान नहीं था। नंगे बदन होना। उस पर बुत की तरह बैठना। नस खिंच जाती। कभी मच्छर काटते तो कभी खुजली मचती, लेकिन हिलना मना था। छींक आए, चाहे खांसी, सांस रोककर चुप रहो। महीना आने पर परेशानी बढ़ जाती। पेट में ऐंठन होती। एक जगह बैठने से दाग लगने का डर रहता, लेकिन कोई रास्ता नहीं था। ठंड के दिनों में और बुरा हाल होता। मैं बगैर कपड़ों के बैठी रहती और चारों ओर सिर से पैर तक मोटे कपड़े पहने बच्चे मेरी तस्वीर बनाते होते। बीच-बीच में चाय-कॉफी सुड़कते। मेरी कंपकंपी भी छूट जाए तो गुस्सा करते। पसली दर्द करती थी। एक रोज मैं रो पड़ी। तब जाकर कमरे में हीटर लगा।

एक फोटो के लिए 10 दिनों तक एक ही पोज में बैठना होता। हाथ-पांव सख्त हो जाते। कृष्णा हाथों को छूते हुए याद करती हैं। नीले निशान बन जाते। कहीं-कहीं गांठ हो जाती। ब्रेक में

बाथरूम जाकर शरीर को जोर-जोर से हिलाती, जैसे बुत बने रहने की सारी कसर यहीं पूरी हो जाएगी।

पांच साल पहले डायबिटीज निकली, लेकिन काम करती रही। शरीर सुन्न हो जाता। घर लौटती तो बाम लगाती और पूरी-पूरी रात रोती। सुबह नहा-धोकर फिर निकल जाती। गरीबी हमसे क्या-क्या करवा गई! सुस्त आवाज आ रही है।

इतने साल इस पेशे में रहीं। कभी कुछ गलत नहीं हुआ? मैंने लगभग सहमते हुए ही पूछा, लेकिन मजबूत कलेजे वाली कृष्णा के लिए ये सवाल बड़ा नहीं था।

वे याद करती हैं- हुआ न! एक बार मुझे किसी सर ने कॉल किया कि क्लास में आना है। दो-तीन दिनों तक रोज कॉल आया। मैंने हां कर दी। शक हुआ ही नहीं। तय की हुई जगह पहुंची तो सर का कॉल आया। तहकीकात करने लगे। पूछा- तुम मॉडलिंग के अलावा कुछ और भी करती हो क्या! मैंने कहा- हां, घर पर सीती-पिरोती हूं।

सर ने दोबारा पूछा- नहीं, और कुछ। जैसे सेक्स (कृष्णा इसे 'सेक' कह रही थीं) करती हो? मैं शांत ही रही और कहा- सर, मैं सेक-वेक नहीं जानती। कॉल पर आवाज आई- जैसे दोस्ती। तुम दोस्ती करती हो! मैंने कहा- मैं दोस्ती नहीं, मॉडलिंग करने आई हूं, सर। करवाना हो तो करवाओ, वरना मैं जा रही हूं।

फिर मैं लौट आई। पति को इस बारे में नहीं बताया। वो शक करते, जबकि मेरा ईमान सच्चा है।

कहीं से फोन आता तो भरोसे पर ही चली जाती। खतरा तो था, लेकिन उससे ज्यादा इज्जत मिली। लंबी-लंबी ऊंगलियों से बने-बनाए बालों को दोबारा संवारते हुए कृष्णा याद करती हैं- पहले-पहल जब कपड़े उतारने के बाद रोती तो कॉलेज के बच्चे समझाते। तुम रोओ मत।

सोचो कि तुम हमारी किताब हो। तुम्हें देखकर हम सीख रहे हैं। मेरी उम्र के, या मुझसे भी बड़े बच्चे मेरे पांव छूते। अच्छा लगता। फिर सोचने लगी कि बदन ही तो है। एक दिन मिट्टी में मिल जाएगा। अभी बच्चों के काम तो आ रहा है। भले ही कम पढ़ी-लिखी हूं, लेकिन मैं खुद को विद्या समझने लगी। इसी बदन ने कॉलेज जाने का मौका दिया, जो मुझ जैसी के लिए आसान नहीं था।

पूरी बातचीत के दौरान कृष्णा स्टूडेंट्स को बच्चे कहती रहीं। उनके ड्रॉइंगरूम में दो पोट्रेट भी हैं, जो इन्हीं बच्चों ने गिफ्ट किए थे। वे हर आने-जाने वाले को गर्व से अपनी तस्वीरें दिखातीं और बतातीं कि वे यही काम करती हैं।

क्या लोग जानते हैं कि आप न्यूड मॉडलिंग करती रहीं? 'नहीं!' वे कहती हैं- घर पर तो अब सब जानते हैं कि कॉलेज में कपड़े खोलकर बैठना पड़ता था, लेकिन गांव में कोई नहीं जानता। अगर पता लग जाए तो सोचेंगे कि मैं 'ब्लू पिक्चर' में काम करती हूं। थू-थू करेंगे। बिरादरी से निकाल देंगे, वो अलग। हमने उन्हें नहीं बताया।

बीते एकाध साल से कृष्णा कॉलेज नहीं जा रहीं। डायबिटीज के बाद पत्थर बनकर बैठना मुश्किल हो चुका है। मॉडलिंग के दिनों का उनका काला पर्स धूल खा रहा है। सिंगार की एक छोटी-सी पिटारी है, जिसमें एक्सपायरी डेट पार कर चुकी रेड लिपस्टिक है। काजल है और बिंदी की पत्तियां हैं।

बीते दिनों की हूक उठने पर कृष्णा प्लास्टिक की इस पिटारी को खोलती और आईने में देखते हुए सिंगार करती हैं। संदूक पर रखा ये बॉक्स वो मुझे भी दिखाती हैं।

लौटते हुए कहती हैं- कॉल तो बहुतेरे आते हैं, लेकिन मैं जाऊं कैसे। डायबिटीज है तो बिना हिले बैठ नहीं सकती। तिस पर गले के ऑपरेशन ने चेहरा बिगाड़ दिया। बदन पर अब मांस भी नहीं। न्यूड बैठती तो बच्चे मुझे सबसे सुंदर मॉडल पुकारते। अब मैं वो कृष्णा नहीं रही। बस, तस्वीरें ही बाकी हैं।

हमारे तो एड्रेस में ही बदबू है साहब...

पढ़ी-लिखी हूं। एक बार इंटरनेट पर समझना चाहा कि आसमान कितना बड़ा है। जवाब मिला- जितनी दूर हम देख सकें! मेरे लिए आसमान सिंगल बेड की चादर से भी छोटा है, उतना ही, जितना मैं घर के अंदर से देखती हूं। छत पर जाने की मनाही है। खिड़की से झांको तो गंदे इशारे होते हैं। बाहर निकलो तो झूमते शराबी टकराएं। एकाध मौके को छोड़कर मैंने कभी तारों भरा आसमान नहीं देखा।

धूप भी उतनी ही, जितनी झरोखे से आ जाए। ये बताते हुए बादामी आंखों वाली विनीता चेहरे पर बंधे कपड़े को कस लेती हैं। उनका पुश्तैनी घर वेश्याओं की गली में है। वो इलाका, जिसे दिल्ली के लोग जीबी रोड कहते हैं। वो कहती हैं- गटर साफ करने वाला भी शरीर से बदबू हटा पाता है, हमारे तो एड्रेस में ही बदबू है।

हाल में रिलीज हुई गंगूबाई काठियावाड़ी फिल्म विवादों में है। गंगूबाई के परिवार का कहना है कि वे रेड लाइट एरिया में रहती जरूर थीं, लेकिन सेक्स वर्कर नहीं थीं। अब फैमिली

परेशान है कि चाहे वो कितनी ही सफाई दें, सब उन्हें वेश्या के बच्चे ही मानेंगे। ये तो हुई गंगूबाई की बात, लेकिन वाकई में लाल बत्ती इलाके में रहना कैसा होता है, इसे समझने के लिए हमने दिल्ली के जीबी रोड की पड़ताल की, जो देश के कुछ सबसे बड़े रेड लाइट इलाकों में शुमार है।

ये चमचमाती दिल्ली का वो चेहरा है, जहां की तंग गलियां और पलस्तर झरती दीवारें अपना दर्द खुद बयां करती हैं। पान की पीक से सजी बिल्डिंगों के पहले फ्लोर पर ऑटोमोबाइल की दुकानें हैं और दूसरी मंजिल पर औरतों की दुकानें, संकरी सीढ़ियों से होते हुए वहां जाना होता है।

अजमेरी गेट से लेकर लाहौरी गेट तक फैले इस इलाके में लगभग 30 पुरानी इमारतों के दड़बेनुमा कमरों में वेश्यालय चलते हैं। हर कमरे के सामने लोहे की जालीदार खिड़की है, जो सड़क पर खुले। इसी खिड़की से हाथ के इशारे करके, आवाजें निकालकर, या शरीर का कोई हिस्सा झलकाकर औरतें अपने ग्राहक बुलाती हैं। ग्राहक यानी सड़क पर चलते लोग, दफ्तर से लौटते लोग, नशे में धुत लोग, या फिर 'जरूरत' मिटाने को भटकते लोग।

सड़क का खौफ इतना कि कोई कैब भरी दोपहर में भी वहां जाने को तैयार नहीं हुई। एक के बाद एक 4 ड्राइवरों ने बुकिंग कैंसल की। आखिरकार एक ऑटोवाले को पकड़ा, जो राजी तो हुआ, मगर इस शर्त पर कि वो मुझे अजमेरी गेट पर ही छोड़

देगा।

वहां से अंदर जाने में लोकल रिक्शे वाले भी ना-नुकर करने लगे। सबको डर था कि कोई दलाल या 'धंधेवाली' उनका मोबाइल और रुपया-पैसा छीन लेगी। तो इस तरह से ऑटो, पैदल, और कुछ ई-रिक्शा के दचकों के बीच मैं जीबी रोड पहुंची।

मेन रोड से ठीक पीछे सांवली-संकरी गलियों की एक भूलभुलैया खुलती है। यहां हमारी-आपकी तरह लोग रहते हैं। दफ्तर जाने वाले, दुकान करने वाले या जूते-कपड़े सिलने वाले। हालांकि, एक फर्क है। हम अपना एड्रेस जितने आराम से बता पाते हैं, वहां के लोगों के लिए ये उतना ही मुश्किल है। जीबी रोड में रहना, यानी शर्म और गंदगी में लिथड़ा होना। यहां के ज्यादातर पुराने लोग दिल्ली के दूसरे इलाकों में रहने चले गए। वही बाकी हैं, जो मजबूर हैं।

विनीता ऐसा ही एक चेहरा हैं। वो बात करने को इसी शर्त पर राजी हुईं कि चेहरा ढंका रहेगा। इंटरव्यू शुरू होते ही कहती हैं, "मैं आज तक अपनी सहेलियों को यहां नहीं ला सकी। सब बर्थडे पार्टी करतीं, घर बुलातीं, मम्मी-पापा से मिलातीं। मैं सबके साथ जाती तो थी, लेकिन कभी किसी को लेकर नहीं आ सकी। कोई घर आना भी चाहे तो मैं कुछ न कुछ बहाना बना देती। धीरे-धीरे सबने खुद ही कहना छोड़ दिया।"

"मैं कभी सब्जी-फल लेने भी बाहर नहीं निकली। पापा या भाई शाम को जो ले आएंगे, वही पकेगा और अगर वो लाना भूल गए तो सब्जी नहीं बनेगी। अक्सर हमारे घर पर रात में आलू की रसेदार सब्जी बनती है। कई बार ऐसा भी होता है कि आटा खत्म हो जाए और पापा को फोन न लगे तो रोटियां भी नहीं पकतीं। हम लड़कियां सब्जी-तरकारी लाने जैसे काम के लिए बाहर जाने का 'रिस्क' नहीं लेतीं। इमरजेंसी में ही घर से निकलते हैं।"

आखिरी बार मैं कोविड की वैक्सीन लेने के लिए बाहर गई थी। ये बताते हुए विनीता की आवाज गुस्से और रोने के बीच झूल-सी रही थी। उनकी बात सुनते हुए मैं अपनी और खुद-सी लड़कियों के बारे में सोच रही हूं जो घूमने को सांस की तरह लेती हैं। इतवार का मतलब जिनके लिए सैर-सपाटा और रात का खाना खाकर घर लौटना है।

विनीता के लिए ये मुमकिन नहीं। वो रेड लाइट एरिया में रहती हैं, जहां बाहर निकलना यानी किसी शराबी-कबाबी से टकराना। एक डर ये भी है कि लड़की कहीं किसी दलाल के हाथ पड़कर रातोंरात गायब न हो जाए। शायद पहले यहां ऐसा हो चुका हो। हालांकि, मेरे जैसी बाहरी व्यक्ति के सामने सिर्फ इशारों-इशारों में ही ये बात कही गई।

22 साल की विनीता से मिलते हुए मैं पहुंचा 55 बरस की राजरानी के पास। रेड लाइट इलाके में तब बिजली कटी हुई थी

और संकरे घरों में गहरा अंधेरा था। बाहर रोशनी में आकर मैंने सवाल किया तो वो जैसे फट पड़ीं- घणे-सारे लोग यहां से चले गए। बस दो-तीन घर रह गए हैं।

सबसे हमारा रोटी का नाता था। दोपहर कंघी करते हुए, चने खाते हुए हम दुख-सुख बांटते। अब कोई बाकी नहीं। न खुशी में हंसने के लिए, न दुख में रोने के लिए। दो-चार लोग हैं, वो भी गली छोड़ना चाहते हैं। जैसे ही पैसे आएंगे, सब चले जाएंगे। और आप! सवाल पर आवाज आती है- मुझे यहां रहते 40 साल हुए। पुराने बरगद की जड़ों से भी ज्यादा गहरे जमी हूं मैं। अब यहां से शायद ही कहीं और जा सकूं! जीबी रोड पर जितनी रौनकें हैं, उससे सटी हुई इन गलियों में उतना ही सन्नाटा। दोपहर में भी धूप नहीं आती, जैसे दुख का साया हर मकान को अपने भीतर समेटे हुए हो। राजरानी को दुख है कि बुढ़ापे में भी उनकी हड्डियों को पूरी धूप नहीं मिलती।

उंगलियां चटकाते हुए वे कहती हैं- रात में नींद नहीं आती। पूरे शरीर में दर्द रहता है। डॉक्टर धूप में बैठने को कहता है। पार्क में पैदल चलने को कहता है। दोनों ही बातें यहां नहीं हो सकतीं। घर में धूप आती नहीं और पार्क कहीं है नहीं। जहां है भी, वहां जाने पर खतरा है। रात-बिरात कहीं निकलना पड़ जाए तो डर रहता है कि कोई दबोच न ले।

एक दर्द और भी है, जो पसलियों के दर्द से भारी है। राजरानी छोटी-सी हिचक के साथ कहती हैं- यहां रहने वालों के रिश्ते

नहीं होते हैं। कौन भला रेड लाइट एरिया में अपनी बहन-बेटी को भेजे! कई बार ऐसा हुआ कि रिश्ता होते-होते रुक गया क्योंकि हम जीबी रोड के रहने वाले हैं।

कई परिवारों की बेटियां शादी के इंतजार में बालों में खिजाब लगाने लगीं। बेटों के बाल कम होते-होते गायब हो गए। इसके बाद बहुत से लोग इलाका छोड़कर चले गए। कोई नई दिल्ली रहता है, कोई पुरानी दिल्ली, तो कोई अपने गांव चला गया। अब बस जीबी रोड नाम की बदनाम सड़क है, और अंधेरी गलियों में छिपते-छिपाते हम जैसे कुछ परिवार हैं।

खरीदी हुई दुल्हन

पिता की उम्र का शौहर जब साथ सोता तो रुलाई दबानी पड़ती, कुछ बोलती तो जानवरों से भी बद्तर पिट जाती...खरीदी हुई दुल्हन का अंतहीन दर्द

अनिल अनूप के साथ दुर्गा प्रसाद शुक्ला की खास रिपोर्ट

'पंद्रह साल की थी, जब शादी हुई। निकाह के बाद जाना कि शौहर की उम्र मेरे पिता से भी कुछ ज्यादा है। फिर तो एक के बाद एक राज खुलते चले गए। वो देख नहीं पाता था और न ही कोई काम-धाम करता। गांव में लड़की नहीं जुटी तो मुझे खरीद लाया।

कुछ हजार के लिए मेरे ही अब्बू ने मेरा सौदा कर डाला था। मैं रोई-गुस्साई, लेकिन सब बेकार। अब मैं पारो हूं। खरीदी हुई दुल्हन, जिसे दोबारा-तिबारा या तब तक बेचा जाएगा, जब तक जिस्म में कसावट है।

मेवाती लहजे में मुर्शिदा अटक-अटककर अपनी कहानी सुनाती हैं। कैमरा देखकर हंसती भी हैं- वो हंसी, जिससे कदम मिलाकर खिलखिलाने का दिल नहीं होता, घबराहट होती है।

दर्द का अगर कोई चेहरा होता, तो शायद वो मुर्शिदा जैसा होता। पका हुआ रंग। सुंदर लेकिन सपनों से खाली बेजान आंखें और उम्र से पहले ढल चुकी देह। वे हरियाणा के नूंह का वो सच हैं, जो वहां की सूखी जमीन से भी डरावना है।

दिल्ली से सड़क के रास्ते चलें तो लगभग ढाई घंटे में हम नूंह पहुंच जाएंगे। मंजिल करीब आते-आते नेशनल हाईवे- 48 की तस्वीर बदलने लगती है। छांवदार पेड़ों की जगह कंटीले झाड़ दिखेंगे। खाने-पानी के ठिए कम होते जाएंगे। गाड़ी से उतरो तो लू के थपेड़े चेहरे पर थप्पड़ मारते हैं। ये शुरुआत है। शहर-ए-नूंह में ऐसा बहुत कुछ है, जो हमारी आरामतलब सोच को जड़ से हिला दे। ऐसी ही एक चीज है- खरीदी हुई दुल्हनें।

यहां हर 1000 पुरुषों पर 912 औरतें हैं। कुल 88 औरतें कम। इन मिसिंग स्त्रियों की कमी दूसरे गरीब राज्यों से पूरी होती है। बंगाल, बिहार, झारखंड और असम जैसे राज्यों से लड़कियां खरीदकर लाई, और यहां के 'एक्स्ट्रा' पुरुषों से ब्याह दी जाती हैं। 13 से लेकर 25 साल तक की ये लड़कियां पारो या मुलकी कहलाती हैं, यानी मोल ली हुई। मुर्शिदा ऐसा ही एक चेहरा हैं।

नूंह के घागस गांव में कच्चा-पक्का सा घर है इनका। हम जब वहां पहुंचते हैं तो ये अपने ठिकाने की बजाए कहीं और मिलने को कहती हैं। वहां खुलकर बात नहीं हो पाती। इस्तेमाल से घिसा हुआ हल्के नारंगी रंग का सूती दुपट्टा ओढ़े मुर्शिदा दो बच्चों के साथ वहां पहुंची, जहां मैं ठहरा हूं।

दो बच्चे घर पर हैं, पिता की देखभाल के लिए- वो ठेठ मेवाती में बताती हैं। अंधे पति को थोड़ी देर के लिए भी अकेला नहीं छोड़ा जा सकता, तिस पर उन्हें गुस्सा भी बहुत आता है। वजहें ही वजहें हैं, जो 20 के शुरुआती पड़ाव पर खड़ी युवती को बूढ़ा बना दें।

बिहार के कटिहार से दशकभर पहले आई ये लड़की अपने बचपन की बोली भूल चुकी। 'अंगिका!' मैं याद दिलाती हूं। वो हाथ से बरज देती है- मुझे याद नहीं। 'हिंदी!' मुझे याद नहीं। मुर्शिदा सब भूल चुकीं। अपना गांव, गांव की नदी, बचपन, बोली और अपना आप भी।

मेवाती में याद करती हैं- पंद्रह साल भी नहीं हुए थे, जब गांव से यहां आई। जीजा ने पिताजी से कहा था कि वो उनकी लड़की की शादी कराएंगे। शादी हुई भी, लेकिन अपने से तीसेक साल बड़े आदमी से। वो देख भी नहीं पाता और लंगड़ाकर चलता है। अड़ोस-पड़ोस के गांव से भी जब किसी ने लड़की नहीं दी तो बुढ़ाते हुए उस आदमी ने मेरे पिता को 15 हजार देकर मुझे खरीद डाला। ये सब शादी के बाद पता चला।

मैं रो रही थी। वापस अपने गांव लौटाने के लिए गोड़ (पैर- ये पहला शब्द था, जो मुर्शिदा ने कटिहार की भाषा में कहा) पकड़ रही थी। मां की अब्बू से खूब लड़ाई भी हुई। वो कलप रही थी कि इससे अच्छा तो बेटी को कोसी में बहा देते।

अब्बू भड़क गए। बेतरह चिल्लाने लगे। वो कह नहीं सके कि

नदी में बहाने से पैसे नहीं मिलते। ब्याहने के उन्हें 15 हजार रुपए मिले थे। ये पैसे किसी मजदूर के लिए काफी तो नहीं, लेकिन दो-तीन महीने का खर्च निकल जाता है।

मुर्शिदा 15 या 20 हजार के बीच अटक जाती हैं। जोड़-गुणा करने लगती हैं। वो समझना चाहती हैं कि 15 साल की सपनीली आंखों वाली बच्ची का मोल कितना होना चाहिए। मेरा जन्म पिता के दो-तीन महीने का खर्चा चलाने के लिए हुआ था- मुर्शिदा की सूनी आंखें मानो शिकायत कर रही हों।

कब्र में समाया आदमी विरोध नहीं करता, वो बस आंखें मींचे रहता है। मैंने भी बीती जिंदगी से आंखें मींच लीं। ये दूसरी जिंदगी है।

अब मैं मुश्किल सवालों की तरफ बढ़ती हूं। पति के साथ की बात पूछती हूं, पूछती हूं कि पति चाव उठाता है या नहीं!

खाली आंखें हंसती हैं। मुर्शिदा कहती हैं- ईद आ रही है। गांवभर की औरतें सजती हैं। सब अच्छे-अच्छे कपड़े पहनती हैं। जेवर झमकाती हैं। मेरे पास कुछ नहीं। नई थी, तब भी मैं पारो थी, दुल्हन नहीं। पति ने मेहर में सोने के कुंडल देने का वादा किया था। मैंने याद दिलाया तो कहा- बाप के घर चली जा। वही पहनाएगा। एकाध बार लत्ते खरीदने को कहा तो गंदे लत्ते की तरह धुनी गई। अब जो है, वही पहनकर ईद मनाती हूं।

मैं गौर से देख रही हूं। मुर्शिदा के पांवों में पायल पड़ी है। उसकी तरफ इशारा करता हूं। वो बताती हैं- नकली है, गिलट की।

वो अब लौटना चाहती हैं। पति भड़केगा। घर पर छूटे हुए बच्चे नाहक पिटेंगे। जाते-जाते मैं पूछ लेता हूं- शौहर के साथ आपकी कोई तस्वीर हो तो मुझे भिजवा सकेंगी! वो फिर हंसती हैं, वही घबराहट से भरती हंसी। 'नहीं! कोई फोटो नहीं है हमारी।' एक बच्चे को गोद में लटकाए, दूसरे को घसीटते हुए वो चली जाती हैं।

बाहर निकलकर मुर्शिदा का घर देखता हूं। आधा प्लास्टर, आधा कच्चा दिखता ये मकान उस लड़की के ख्वाबों का वो सोग गीत है, जो कोई नहीं गाएगा।

अरावली की पहाड़ियों से घिरे उस गांव से निकलकर हमारा अगला पड़ाव है मढ़ी गांव। मेरे लोकल मित्र राजुद्दीन जंग रास्तेभर कई बातें बताते हैं। बकौल राजुद्दीन, अगर किसी भी वजह से मर्द को बीवी नहीं जुटे तो वो गरीब राज्यों से औरत खरीद लाता है। ये औरतें एक नहीं, बल्कि कई बार बेची जाती हैं। ज्यादातर मामलों में ये पांच या इससे ज्यादा बार बिकती हैं। हर बार इनका निकाह भी होता है, ताकि ये तथाकथित शौहर की हर जरूरत पूरी कर सकें। उसके लिए देग पकाने और जानवर पालने से लेकर उसके बच्चे पालने और सोने तक।

बंजर रास्तों से होते हुए हम मढ़ी पहुंचते हैं, जहां हमारी मुलाकात सलीम से हुई। उनके पिता सरपंच थे। जीवन ऐसी ही औरतों को देखते बीता। सलीम से मिलना परत-दर-परत सारी बातें खोलता जाता है कि दलाल किस तरह से लड़कियों के

घरवालों या सीधे लड़कियों को फुसलाकर लाते और यहां बेचते हैं। 13 साल की कोई बच्ची दिल्ली घूमने के सपने लिए आती है और गुलाम बनकर रह जाती है।

सलीम कहते हैं- जानवरों की मंडी देखी है कभी! वहां जिस्म देखकर भाव लगता है कि फलां पशु काम का है, या फलां बुढ़ा गया। इसी अंदाज में लड़कियों की भी बोली लगती है। उम्र जितनी कम होगी, कीमत उतनी ज्यादा होगी। ऐसी लड़की ज्यादा दिन तक जवान रह सकेगी, ज्यादा वक्त तक जिस्मानी जरूरतें पूरी कर सकेगी।

चौदह साल की बच्ची का निकाह अस्सी बरस के आदमी से हो जाता है। जब उसका मन भर जाए या वो मर-खप जाए तो लड़की दूसरे आदमी को बेच दी जाती है। वो एक से दूसरे मर्द के हाथ में जाते हुए बूढ़ी हो जाती है। अक्सर पारो कभी अपने मां के घर लौट नहीं पाती।

मैं पूछता हूं- लेकिन निकाह तो होता है! फिर शौहर की जिम्मेदारी नहीं बनती? सलीम कहते हैं- निकाह तो होता है, लेकिन रहती वे सामान ही हैं। जिसे पैसों की जरूरत है, वो बेचेगा। जिसे नया जिस्म चाहिए, वो खरीदेगा।

इंटरव्यू के बाद सलीम मुझे अपना गांव घुमाते हैं। वहां कोई भी पारो के बारे में बात करने को राजी नहीं। लौटते हुए वे झुंझलाते हैं- सबको भला दिखने की पड़ी है, बच्चियां भाड़ में जाएं।

आखिर में फिरोजपुर नमक की अदालत पहुंचते हैं, जहां

गौसिया खान हमारा इंतजार कर रही हैं। हैदराबाद से चौदह साल की उम्र में ब्याहकर मेवात आई गौसिया किस्मतवाली हैं, जो उनकी बोली में अब भी हैदराबादी लहजा सलामत है। शुरुआत उनकी भी मुश्किल रही।

अरावली के पहाड़ों की तरफ देखते हुए वे याद करती हैं- मैं पहाड़ियां देखती और सोचती कि कैसे भी यहां से निकल भागूं। वहां से रेल गुजरती थी, मैं रोज उसकी आवाज सुनती और भागने के सपने देखा करती। दिन में कितनी ही बार ये होता। कई साल बीत गए। फिर मुझे एक लड़का हुआ। वो दो साल का हुआ, तब जाकर पहली बार मुझे मां के घर जाने की इजाजत मिली। उसके पहले कुरान छूकर वादा लिया गया कि मैं वापस मेवात लौटूं। मैं खुशकिस्मत थी, जो मां से मिल सकी। ज्यादातर लड़कियां एक बार यहां पहुंचती हैं तो कभी निकल नहीं पातीं। यहीं मर-खप जाती हैं और किसी को भनक तक नहीं लगती।

पंछी के मरने पर भी इससे ज्यादा शोर होता होगा- गौसिया चलते हुए कह जाती हैं।

वो अपनी पहचान के लिए भी तरसते हैं

हमारे समाज में हमेशा से दो ही लिंग, 'स्त्री' और 'पुरुष' प्रमुख रहा है जो समाज को हमेशा से गतिशील रखा है लेकिन इन दो लिंगों के अलावा किन्नरों का तीसरा लिंग भी है। ऐसा नहीं है कि किन्नर इस धरती पर आसमान से टपके हैं। ये भी किसी न किसी परिवार के सदस्य हैं और इनके भी माँ-बाप हैं फिर भी इन्हे परिवार से अलग कर दिया जाता है। आखिर क्यों? इसके लिए जिम्मेदार कौन है? माँ-बाप, भगवान, या खुद किन्नर। मेरी सोच से शायद कोई भी नहीं या सभी पक्ष और आज भी समाज इन्हें तीसरा स्तर का ही दर्जा देता है? क्यों? ये वही वर्ग है जो किसी भी पारिवरिक अनुष्ठानों में सिर्फ आशीर्वाद देने का काम करते हैं। समाज की यह मान्यता है कि इनके आशीर्वाद से परिवार में समृद्धि आती है। परिवार के कुछ विशेष अवसरों पर ही इन्हें घर के अन्दर आने दिया जाता है। जब किसी परिवार में किन्नर का जन्म होता है तो परिवार के पिता पुरुषत्व पर संदेह होने के डर से 'तृतीय लिंगी' बच्चे को अपने से अलग कर देता है। आज के समय में भी इनकी स्थिति में

कुछ खास सुधार नहीं हुआ है क्योंकि परिवार, समाज और सरकार का व्यवहार इनके प्रति उपेक्षित रहा है। समाज ने तो इन्हें मनुष्य का दर्जा देने से और सरकार ने इन्हें नागरिक अधिकार देने से भी वंचित रखा है। भारत की इस पवित्र धरती पर जन्म लेने के बाद भी उनके जन्म का कोई रिकार्ड नहीं होता है। भारत सरकार के आंकड़ो के अनुसार देश में किन्नरों की संख्या लगभग चार लाख नब्बे हजार है। आज के समय में भी इनकी आर्थिक और सामाजिक परिस्थिति बहुत खराब है जिसके फलस्वरूप उन्हें भीख मांगने पड़ रहे हैं। बाजार, सड़क, ट्रेनों, आदि जगहों पर ये अक्सर भीख मांगते मिल जाते हैं। कई बार तो लोग इनसे पीछा छुड़ाने की कोशिश करते हैं। किन्नर भी इनके दुख-दर्द को सुनना, समझना या महसूस नहीं करना चाहता है। आज हम सब 21वीं शदी के मशीनी युग में जीवन जी रहे हैं जहाँ बटन दबाते ही चुटकियों में हर कार्य शुरू और संपन्न हो जाता है वहीं हमारी सोंच अभी भी पौराणिक बेड़ियों से जकड़ी हुई है। किन्नर समुदाय की स्थिति बहुत ही दयनीय है जिससे समाज एकदम अनभिग्य और संवेदनहीन है।

इतिहास की अगर हम बात करें तो सन् 1871 से पहले भारत के किन्नरों को ट्रांसजेंडर का अधिकार मिला हुआ था। सन् 1871 में अंग्रेजों ने किन्नरों को क्रिमिनल ट्राइब्स यानी एक जनजाती की श्रेणी में डाल दिया था। बाद में जब आजाद भारत

का संविधान बना तो सन् 1951 में किन्नरों को क्रिमिनल ट्राइब्स से निकाल दिया गया परन्तु उन्हें उनका हक़ नहीं मिला। शायद यही एक वर्ग है जिसे परिवार से लेकर समाज और बाजार तक किसी ने कोई काम नहीं दिया।

विश्व में किन्नर समुदाय को ट्रांसजेंडर के रूप में मान्यता मिली है। मुख्य चुनाव आयुक्त टी. एन. शेषन ने 1994 में किन्नरों को मताधिकार दे दिया था। इसके बाद 15 अप्रैल 2014 को सर्वोच्च न्यायालय के एस. राधाकृष्णन और ए. के. सीकरी ने तीसरे जेंडर को मान्यता देते हुए एक ऐतिहासिक फैसला दिया। किन्नर समाज की लम्बे समय से चली आ रही मांग को अदालत ने स्वीकार कर लिया। अब इस पहल को आगे बढ़ाना परिवार और समाज की जिम्मेदारी है। जबतक समाज में जागृति नहीं आएगी तब तक कोई भी कानून या सरकार इसे मुख्य धारा में नहीं ला सकती है।

कितनी अजीब बात है कि इतिहास में आदिकाल से, द्वापरयुग के महाभारत और त्रेता युग के रामायण में भी किन्नरों के सामाजिक उपस्थिति के प्रमाण मिलने के बावजूद भी मनुष्य के रूप में समाज किन्नरों को उचित स्थान नहीं दे सका है। आज भी हिंदी साहित्य में किन्नर विमर्श अपरिपक्व अवस्था में है।

आम आदमी ने कभी भी यह जानने की कोशिश नहीं की कि किन्नरों के अन्दर धड़कने वाले दिल में क्या हलचल होती है।

समाज उन्हें स्वीकारने से भी हिचकिचा रहा है फिर भी साहित्य जगत में उन्हें उनके हक के लिए समय-समय पर किए जा रहे प्रयास की सराहना करनी होगी लेकिन इतना ही प्रयास काफी नहीं है। हमने अनेक प्राणियों को प्रेम से अपने घरों में स्थान दिया है। हमारे देश में पशु, पक्षी, पेड़, पौधे, यहाँ तक की पत्थर की भी पूजा होती आई है तो प्रकृति की इस कृति को सम्मान के साथ क्यों नहीं स्वीकार कर लेते?

हिन्दुस्तान ही नहीं, पूरे दक्षिण एशिया में इनके दिल की बात और आवाज़ कोई सुनना नहीं चाहता क्योंकि पूरे समाज के लिए इन्हें एक बदनुमा दाग़ समझा जाता है. लोगों के लिए ये सिर्फ़ हंसी के पात्र हैं।

भारत की सन 2011 की जनगणना के अनुसार पूरे भारत में लगभग 4.9 लाख किन्नर हैं, जिनमें से एक लाख 37 हजार उत्तर प्रदेश में हैं। इसी जनगणना के मुताबिक सामान्य जनसंख्या में शिक्षित लोगों की संख्या 74 फीसदी है जबकि यही संख्या किन्नरों में महज़ 46 फीसदी ही है। इनमें आधे से अधिक नकली स्वांग करने वाले हिजड़े हैं। आश्चर्य की बात यह है कि शेष दो लाख असली हिजड़ों में से भी सिर्फ ४०० जन्मजात हिजड़े या बुचरा हैं, शेष हिजड़े स्त्रैण स्वभाव के कारण हिजड़ों में परिगणित किए जाने वाले मनसा या हंसा हिजड़े हैं, और इससे भी बड़े आश्चर्य की बात यह कि इन दो लाख हिजड़ों में से लगभग सत्तर हजार हिजड़े ऐसे हैं, जिन्हें

एक छोटे से ऑपरेशन के बाद लिंग परिवर्तन करने के पश्चात् पुरुष या स्त्री बनाया जा सकता है लेकिन दुःख की बात है कि इस ओर किसी का ध्यान नहीं है।

सम्पूर्ण हिजड़े समुदाय को सामाजिक संरचना की दृष्टि से सात समाज या घरानों में बांटा जा सकता है , हर घराने के मुखिया को नायक कहा जाता है। ये नायक ही अपने डेरे या आश्रम के लिए गुरु का चयन करते हैं।

हिजड़े जिनसे शादी करते हैं या कहें जिन्हें अपना पति मानते हैं उन्हें गिरिया कहते हैं। उनके नाम का करवाचौथ भी रखते हैं। जब किसी परिवार में बुचरा अर्थात जन्मजात हिजड़े का जन्म होता है, तो परिवार के सदस्य जल्द से जल्द उसे अपने परिवार से दूर करने का प्रयास करते हैं क्योंकि पारिवारिक जन विशेषकर परिवार के मर्द अथवा हिजड़े का पिता यह सोचता है कि इसे जाने के बाद लोग उसके पुरुषत्व पर संदेह करेंगे और बड़ा होकर यह बच्चा परिवार की प्रतिष्ठा धूल धूसरित करेगा। अतः वे जल्द से जल्द उस बालक को या तो 'ठिकाने लगाने' का प्रयास करते हैं या फिर उसे हिजड़ों के बीच छोड़ देते हैं। ऐसा करते समय अक्सर वे यह नहीं सोचते कि अपनी ही सन्तान को अपने से दूर करने से पहले एक बार डॉक्टर की सलाह तो ले लें कि इस शिशु को पुरुष अथवा महिला के लिंग में बदला जा सकता है या नहीं!

नीलिमा कोटि के हिजड़े किसी कारणवश स्वयं हिजड़े बन जाते हैं, मनसा मानसिक तौर पर स्वयं को हिजड़ों के निकट समझते हैं इन्हें सामान्य मनोवैज्ञानिक काउंसलिंग के द्वारा वापस इनके वास्तविक लिंग में भेजा जा सकता है, और हंसा कोटि के किन्नर किसी यौन अक्षमता के कारण स्वयं की नियति को हिजड़ों के साथ जोड़ लेते हैं। इनका इलाज करने के बाद इनमें से अधिकांश को सामान्य पुरुष अथवा स्त्री बनाया जा सकता है और ये भी सामान्य जीवन जी सकते हैं।

अबुआ वास्तव में धन के लोभ में किन्नर बनकर किन्नरों को न्यौछावर के रूप में मिलने वाली धनराशि को लूटने का काम करते हैं। ये प्रायः सामान्य पुरुष होते हैं और आवश्यकता पड़ने पर साड़ी पहनकर किन्नर बनने का नाटक करके हिजड़ों के अधिकारों पर कुठाराघात करते हैं। ये रात में सडकों पर घूमकर ट्रक ड्राइवरों के साथ अप्राकृतिक संसर्ग कर उनकी यौन क्षुधा शांत करते हैं। असली और नकली किन्नर में फर्क यह है कि असली किन्नर स्वभावतः स्त्री होते हैं और पुरुष के प्रति इनमें नैसर्गिक आकर्षण होता है, जबकि नकली किन्नर वास्तव में पुरुष होते हैं और इनका आकर्षण स्त्रियों के प्रति होता है। सबसे दुर्भाग्यपूर्ण और भयावह यंत्रणा से गुजरते हैं छिबरा। पारिवारिक रंजिश के कारण कुछ लोग शत्रु के परिवार के लड़के-लड़कियों को उठाकर ले जाते हैं और उनके लिंग हटवाकर उन्हें किन्नर बना देते हैं। यह जघन्य कृत्य करने

वाले पिशाच एक व्यक्ति के जीवन को नरक बना देते हैं और पीड़ित बच्चे को बिना किसी अपराध के आजन्म इस यंत्रणा से गुजरना पड़ता है। इनमें से भी कुछ को वापस उनके लिंग में लाया जा सकता है लेकिन यह बड़ी ही जटिल और खर्चीली प्रक्रिया है।

सन्नाटे की आवाज

मैं रेशमा हूं। लखनऊ में रहती हूं। शहर के उस रेस्त्रां में काम करती हूं, जहां मेरी जैसी बेसहारा औरतें ही रेस्त्रां चलाती हैं। मैं अपना घर खुद चलाती हूं। मेरा कमर से नीचे जांघों तक का सारा शरीर जला हुआ है। सुबह घर से ऑफिस आने में दो घंटे लगते हैं, लेकिन किसी तरह आती हूं। घर आज भी मैं ही चलाती हूं। बस मेरी गलती इतनी थी कि मैंने एक के बाद एक 5 बेटियों को जन्म दिया था।

मैंने कभी ऐसा नहीं सोचा था कि मेरे साथ शादी के बाद इतना बुरा होगा। जब मेरी शादी हुई थी तो बाकी लड़कियों की तरह मैंने भी सपना देखा था मेरा एक घर होगा, पति होगा, परिवार होगा, लेकिन मेरी शादी ही मेरी बर्बादी की कहानी बन गई।

मैं उस वक्त 16 साल की थी। घर में सबसे बड़ी थी, गरीब परिवार था। मां को लगता था कि मेरी शादी हो जाएगी तो कम से कम मैं तो सुखी हो जाउंगी। पेट भर खाना खाउंगी और मेरे जाने से मेरी मां की जिम्मेदारी भी कम होगी। हम दो बहनों के अलावा हमारा एक भाई भी था। लड़का देखकर मेरी शादी कर

दी गई। मेरी बहन मेरी सगी बहन नहीं थी। पापा को वो एक ट्रेन में मिली थी। उसे कोई छोड़कर चला गया था। अब तो उसकी शादी भी हो गई है।

खैर, मैं ससुराल पहुंची तो आसपास की औरतें मुझे देखने आईं। मुझे लगा कि सब लोग अच्छा-अच्छा बोलेंगे। मुंह दिखाई देंगे, लेकिन मुझे पहला धक्का तब लगा जब मोहल्ले की औरतों ने पूछा कि दहेज में क्या लेकर आई है? मेरी सास ने कहा कि बहुत गरीब हैं, बस इसे ही दिया है। मुझे लगा कि चलो ठीक है कोई बात नहीं, मोहल्ले की औरतें तो होती ही ऐसी हैं, कम से कम मेरे पति ने मुझसे यह सब नहीं कहा। मेरी शादीशुदा जिंदगी शुरू हो चुकी थी।

पहले नौ महीने तो बहुत अच्छे कटे। इसके बाद बच्चे को लेकर चीजें खटकने लगीं। पति बच्चा चाहते थे, लेकिन मैं प्रेग्नेंट नहीं हो पा रही थी। वह मुझे कानपुर, लखनऊ के कई डॉक्टरों के पास ले गए। डॉक्टरों का कहना था कि मेरी उम्र कम थी, इसलिए प्रेगनेंसी नहीं ठहर रही है। तब से मेरा पति मुझ पर शक करने लगा। वो कहने लगा शादी से पहले मेरा कहीं अफेयर था, इसलिए मुझे प्रेगनेंसी नहीं ठहर रही थी।

इस बात पर कई दफा बवाल हुआ। मारपीट हुई। एक दफा तो पति ने इतना जोर से चांटा मारा कि मेरे कान से खून निकलने लगा। शक के चलते मेरे पति ने मेरी जिंदगी नर्क कर दी थी। मैं सहती गई। हर छोटी बात पर झगड़ा होने लगा, बहस होने

लगी। हर बात झगड़ा मारपीट पर खत्म होता। तंग आकर मैं मायके चली गई। कुछ दिन बाद ही पता लगा कि मैं प्रेग्नेंट हूं। अम्मी-अब्बू को लगने लगा कि यह बात मेरे पति को बता देनी चाहिए। देरी होने पर कहीं वो यह न समझें कि बच्चा किसी और का है।

अम्मी-अब्बू ने पति को बताया कि रेशमा प्रेग्नेंट है, लेकिन फिर भी ससुराल से एक फोन तक नहीं आया। पापा ही मेरी देखभाल करते थे। मैंने उस वक्त हर दिन अपने पति का इंतजार किया। यह मेरा पहला बच्चा होने वाला था, लेकिन अब उसको लेकर मेरे सारे अरमान टूट गए। कहां तो सोचा था कि पति देखभाल करेगा, डॉक्टर के ले जाएगा, लेकिन ऐसा कुछ भी नहीं हुआ। किसी तरह नौ महीने के बाद 26 जनवरी 2000 को बेटी पैदा हुई।

दूसरे दिन मेरे पति बेटी को देखने के लिए आए, लेकिन मुझसे कोई बात की। मेरी मां ने उनके हाथ से बेटी को ले लिया और कहने लगीं कि जब तुम्हें मेरी बेटी से कोई लेना देना नहीं है तो इससे क्या मतलब है तुम्हारा। खैर तीन महीने के बाद सुलह के बाद मैं ससुराल चली गई। अब हालात और बदलने लगे। पति मुझे पाई-पाई के लिए मोहताज रखने लगे। बेटी के लिए दूध लाने तक से पति ने किनारा कर लिया था।

पति ने काम करना बंद कर दिया तो सास-ससुर से मुझे बहुत कुछ सुनना पड़ता था। घर में पहले खाना वो लोग खाते थे फिर

मुझे देते थे। समय ऐसे ही कलह में बीतता गया। एक साल बाद तंग आकर मैं फिर से मायके चली गई। मैं दोबारा प्रेग्नेंट हुई। इस दफा भी मैंने बेटी को ही जन्म दिया।

मां मुझसे कहने लगी कि मैं अपने पति से तलाक ले लूं। मैं मायके ही रहती थी। फिर मेरे पति ने लखनऊ की सिविल कोर्ट में अर्जी लगाई कि मेरी पत्नी वापस घर नहीं आ रही है। मैं अपनी दोनों बेटियों को गोद में उठाकर केस के सिलसिले में कानपुर से लखनऊ जाती थी। जाने से एक दिन पहले तैयारी करती, सुबह सुबह कानपुर से लखनऊ के लिए निकल जाती, फिर वहां से रात को आना होता था। मेरे माता-पिता भी मेरे साथ जाते थे।

कई महीने तक ऐसे ही चलता रहा। मैं इस जिंदगी से तंग आ चुकी थी। एक दिन मैंने गुस्से में अपनी बेटी को खूब मारा और खुद को भी मारा। इस पर मेरे पापा ने मुझे मारा। मुझसे अपने माता-पिता की हालत देखी नहीं जा रही थी। घर में तनाव रहता था। मैं गुस्से में बच्चों को पीट देती थी। अब मुझे लगने लगा कि मुझे ससुराल चले जाना चाहिए।

मैं ससुराल आ गई। अब मेरे साथ पहले से भी ज्यादा बुरा व्यवहार होने लगा। लेकिन किसी तरह से मैं वक्त को धक्का देती रही। मैं तीसरी दफा प्रेग्नेंट हुई। उधर, मेरे ससुर की हालत भी खराब हो गई। ससुराल में मेरे लिए सिर्फ ससुर ही अच्छे थे। उनकी मौत हो गई। हालात अब और ज्यादा मुश्किल हो गए।

मेरे तीसरी भी बेटी ही हुई। हालांकि, मेरे पति ने मेरी तीनों बेटियों का स्कूल में एडमिशन करवाया, लेकिन रोजमर्रा के खर्च के पैसे नहीं दिए। कॉपी, पेंसिल, रबर, खाना, फीस किसी भी चीज के पैसे मुझे नहीं दिए। मैंने हारकर खुद सिलाई करना शुरू कर दिया। मेरे सिले कपड़े लोगों को पसंद आने लगे। इससे मेरा खर्च चलने लगा। मेरे तीन तीन बेटियां हो गईं। मेरी ननद भी हमारे ही पास रहती थी। वह तलाकशुदा थी। उसके एक बेटा भी था। मेरी सास उसके बेटे को मुझे नहीं देती थी कि कहीं मैं उसे नजर न लगा दूं।

मेरे पति भी मुझसे कहने लगे कि देखो फलां के बेटा है, जो उसके काम में उसका साथ देता है। अरे वो फलाने को देखा, मेरे साथ ही शादी हुई थी अब उसका बेटा भी उसके बराबर का हो गया है। यह सब सुनने के बाद मुझे भी लगने लगा कि मेरे बेटा होना चाहिए था। कम से कम बेटा होने पर ससुराल में इज्जत तो मिलती है। मेरे पति को अब दिन रात यह लगने लगा कि अब तो बेटा ही होना चाहिए।

जब मैं चौथी दफा प्रेग्नेंट थी तो अस्पताल में मेरी तबीयत खराब होने लगी। मेरी सांस उखड़ रही थी। मेरा पति मुझे अस्पताल में ही छोड़कर चला गया। डॉक्टर ने कहा कि तुम्हारा पति तो भाग गया है। मेरी हालत बिगड़ती जा रही थी। मैंने डॉक्टर से मिन्नतें की कि किसी तरह मुझे बचा लो, मेरी छोटी-छोटी बेटियां हैं।

इसके बाद डॉक्टर ने मुझे दवा देने के बाद कहा कि मेरी हालत सही नहीं है और मुझे मेडिकल कॉलेज जाना होगा। तब तक मेरे माता-पिता आ चुके थे। मेडिकल कॉलेज जाकर मेरा इलाज हुआ। चौथी बार भी मुझे बेटी ही हुई। फिर मेरा पति भी वहां आ गया। मैंने अपने पति से कहा कि मुझे मेरे घर के पीछे की सड़क से ले जाना क्योंकि लोग चौथी बेटी होने पर मजाक करेंगे। मैं छिपते-छिपाते अपनी चौथी बेटी को लेकर घर पहुंची। लोगों के मजाक मेरे कानों तक भी पहुंचे। बहुत सारे लोगों ने कहा कि लो सन्नी देवल की चौथी बहन आ गई है।

इसके बाद मैं काम करके अपना गुजार करने लगी। मेरी ही कमाई से घर चलता था। मैं दिन में बच्चों को संभालती थी और रात में कपड़ों की कटिंग किया करती थी। फिर मुझे टीबी की बीमारी हो गई। मेरी खांसी ही ठीक नहीं हो रही थी। मेरे पति मुझे डॉक्टर के पास नहीं लेकर गए।

मैंने अपने माता-पिता को फोन किया। वे लोग आकर मुझे लेकर गए और जब सभी जांच हुई तो पता लगा कि मुझे टीबी है। डॉक्टर ने मुझे दवाएं दी। मेरी बेटियां मेरे ससुराल में थी इसलिए मुझे कानपुर से जल्दी लखनऊ वापस आना पड़ा। वापस आने पर घर परिवार में किसी ने मुझसे बात नहीं की। सभी ने दूरी बना ली। कहा गया कि मुझे टीबी है। ऐसे करते-करते तीन साल बीत गए। मुझे लगा कि अब मैं प्रेग्नेंट नहीं हो पाउंगी। लेकिन मैं पांचवी दफा भी तीन साल बाद प्रेग्नेंट हो

गई।

पांचवी दफा जब मैं प्रेग्नेंट हुई तो मेरे पति किसी जगह अल्ट्रासाउंड की बात करके आए और यह जुगाड़ भी करके आए कि अगर बेटी होगी तो अबॉर्शन कराना है। मुझे इस बारे में कोई जानकारी नहीं थी। मैं अपना काम कर रही थी। मेरे पति मेरे पास आए और कहने लगे कि अल्ट्रासाउंड करवाना है। मैं नहीं मानी मैं जानती थी कि अगर बेटी हुई तो यह आदमी जबरदस्ती मेरा अबॉर्शन करवा देगा।

मैंने कहा कि अल्ट्रासाउंड की जरूरत नहीं है। इस बात पर झगड़ा हो गया। झगड़ा इतना बढ़ गया कि मार-पीट हो गई। झगड़े के बाद मेरे पति कहीं बाहर चले गए। मैं भी अपने काम में लग गई। मैं जानती थी कि हर दिन झगड़ा होना और फिर कुछ देर में सब ठीक हो जाता है। मैं घर में आराम से शाम के समय रात के लिए खाने की तैयारी कर रही थी।

मैं सब्जी काट रही थी कि मेरे पति आए उनके हाथ में एक डिब्बा था। उसमें तेजाब था। उन्होंने मेरे प्राइवेट पार्ट्स में तेजाब डाल दिया। मैं जोर-जोर से चीखी और बेहोश हो गई। दर्द, जलन से मेरी जान निकल गई। मेरा पेशाब और लैट्रिन भी निकल गई। मेरी 12 साल की बेटी रोने लगी। भागकर पड़ोसन को बुलाकर लेकर आई। पड़ोसन आई तो मुझे देखकर वह भी बेहोश हो गई। पूरा एक दिन मैं ऐसे ही पड़ी रही। किसी तरह मेरी बेटी ने मेरे पिता को फोन किया।

मेरे पिता आए और मुझे गोद में उठाकर गाड़ी करके कानपुर ले गए। वहां मुझे एक प्राइवेट अस्पताल में लेकर गए। अस्पताल वालों ने कहा कि पहले तीन लाख रुपए जमा करवाओ तब हाथ लगाएंगे। मेरे भाई और पिता ने हाथ पांव जोड़े कि किसी तरह वो लोग मेरा इलाज शुरू कर दें पैसों का इंतजाम कर दिया जाएगा। वहां से मुझे सरकारी मेडिकल कॉलेज ले जाया गया, लेकिन वहां बोला गया कि यह प्रेगनेंट है, पहले पति को लेकर आओ, पति के बिना इसका इलाज नहीं होगा।

मेरे पिता और भाई ने उनकी बहुत मिन्नतें की, लेकिन कोई नहीं माना। मेरे भाई ने बोला कि इसका पति मर गया है अब इलाज करो। मेरे शरीर में अब पस पड़ चुकी थी, खून निकल रहा था। खैर मेरा इलाज शुरू हुआ। तब तक वहां मीडिया आ चुका था। मेरे भाई ने उन्हें बुलाया था। मैंने उन्हें बताया कि ऐसे मेरे पति ने बेटियों को जन्म देने की वजह से मेरे प्राइवेट पार्ट में तेजाब गिरा दिया है। मीडिया में मेरी कहानी आई। सरकार और कुछ एनजीओ मेरी मदद के लिए आगे आए। मेरे पति को गिरफ्तार कर लिया गया और उम्रकैद की सजा हुई। मुझे एक एनजीओ में नौकरी मिल गई।

छह साल बाद इस समय मेरे पति बेल पर बाहर हैं। मेरे ही साथ रहते हैं। मैं उन्हें जिंदगी भर माफ तो नहीं करूंगी, मेरी जिंदगी के 23 साल उस आदमी ने बर्बाद कर दिए, लेकिन मेरी कुछ

ऐसी मजबूरियां हैं कि अपनी बेटियों की वजह से मुझे उन्हें अपने साथ रखना पड़ रहा है।

एक ट्रांसजेंडर की कहानी

बरेली में स्टेज परफॉर्म कर काफी अवॉर्ड-रिवॉर्ड जीतने वाली ट्रांसवुमन सोनिया पांडे इन दिनों रेलवे में जॉब करती हैं। सोनिया की इच्छा अगले साल तक मुंबई आकर अपने डांस का हुनर लोगों के सामने लाने की है।

जब बहनों की शादी हुई तो मेरी शादी की बात होने लगी। उस समय भी खुलकर नहीं कह पाई। अगर मना करेंगे, तब पूरे खानदान की इज्जत मिट्‌टी में मिल जाएगी। उस समय इंडीकेशन देती थी कि शादी में दिलचस्पी नहीं है, लेकिन उन्हें समझ में नहीं आया।

मेरी शादी हुई, पर शारीरिक संबंध नहीं बना, क्योंकि मेरे अंदर ऐसी कोई फीलिंग ही नहीं थी। बात बढ़ी तो घरवाले पूछने लगे। मैंने बताया कि मेरे अंदर लड़की वाली फीलिंग है। यह सुनकर घर में बहुत बवंडर मचा। जहां शादी हुई थी, उन्होंने भी बहुत उल्टा-सीधा सुनाया। आखिरकार एक साल में तलाक हो गया।

छोटी थी तो लड़कियों के कपड़े पहनने का बहुत मन करता था। मां मुझे फ्रॉक पहनाती थी, तब बड़ी खुश होती थी। मां से कहती

थी कि मेरे कपड़े मत बदलना, मुझे यही पहनना है। 12-13 साल की हुई, तब समझ आया कि मेरा जन्म गलत शरीर में हो गया है। मन लड़की का है, पर शरीर लड़के का।

13-14 साल की उम्र में बॉडी में हार्मोंस चेंज हुए, तब लड़कों में दाढ़ी-मूंछ की रेखा और लड़कियों में फिजिकल चेंजेज आने शुरू होते हैं। उस समय मुझे लगने लगा कि मैं ट्रैप्ड हूं। मेरी सोच लड़की की है और शरीर लड़के का है। क्या मैं ही दुनिया में ऐसी हूं या मेरे जैसे और भी लोग दुनिया में हैं, लेकिन इतनी हिम्मत नहीं होती थी कि अपनी बात मम्मी-पापा, बड़ी बहनों या फिर टीचर से कह सकूं कि मैं अलग हूं।

मेरी पैदाइश और शिक्षा बरेली (उत्तर प्रदेश) में हुई। भाई-बहनों के बीच मैं चौथे नंबर की हूं। अब पापा नहीं रहे, मम्मी के साथ रहती हूं। कथक में ग्रेजुएशन करने के साथ-साथ पोस्ट ग्रेजुएट हूं। 2006 में मेरी जॉब रेलवे में लगी। बचपन में मम्मी-पापा कहते थे कि लड़कियों के साथ उनके गेम क्यों खेलते हो? तुम लड़के हो, लड़कों के साथ रहो, क्रिकेट खेलो। समझ नहीं आता था कि क्या जवाब दूं। दिखावे के लिए क्रिकेट भी खेलती थी। स्कूल में लड़कियों के साथ डांस करने का मन करता था, लेकिन टीचर मुझे लड़कियों के साथ लेती नहीं थी।

कॉलेज शायद मेरा सबसे बुरा दौर था। मुझ में जो टैलेंट था, उसे कभी निकाल नहीं पाई। डांस भी कमरे के अंदर करती थी, जिससे लोग यह न कहें कि लड़कियों का डांस करता है। उन

दिनों को याद करती हूं, तो बहुत बुरा लगता है, क्योंकि हमारे जैसे लोग अपनी बातें किसी से कह ही नहीं पाते। यहां तक कि मम्मी से भी नहीं। सोचती थी कि अपनी बातें कहूंगी तो मार पड़ेगी, मजाक बनेगा या फिर घर-स्कूल में मजाक बनेगा। कहीं शादी में जाती थी, तब मन करता था कि लड़की होती, तब लहंगा-चोली पहनती। पैंट-शर्ट बोझ-सा लगता था। घुटन-घुटन-सी होती थी। हमेशा लड़का बनने का दिखावा करना पड़ता था, जबकि अंदर से मैं लड़का थी ही नहीं।

बचपन में मेरा शारीरिक शोषण भी हुआ है। छठी-सातवीं में थी, तब पापा ट्यूशन पढ़ने भेजते थे, तब उन्होंने डेढ़ साल तक मेरा बहुत ज्यादा शारीरिक शोषण किया। वे मेरे अंगों को पकड़ते और मुझे अपने अंगों से टच करने के लिए कहते थे। मुझे पता नहीं था कि ऐसा क्यों कर रहे हैं। अगर नहीं करती तो डांटते-धमकाते थे। कहते थे किसी से कहोगे, तो फेल कर दूंगा। लोग मेरी ही गलती निकालते, जबकि लोग नहीं सोचते कि यह कुदरती है।ट्रांसवुमन बनकर महिलाओं की तरह इज्जत मिली।

अब अपना जेंडर चेंज करने के बारे में पूरी तरह सोच लिया, लेकिन जेंडर चेंज करने से पहले ऐसा लगने लगा था कि मुझे कल मौत आनी हो तो आज आ जाए। इस शरीर से मुक्ति मिल जाए ताकि अगले जन्म में लड़का या लड़की बनकर जन्म ले सकूं। खैर, सर्च किया तो पाया कि ट्रांसवुमन बनकर जीवन जी

सकती हूं। जब से ट्रांसवुमन बनी, तब से एक औरत की तरह रिस्पेक्ट मिलने लगी है। अब तो मुझे लड़कों की तरफ से शादी के लिए ऑफर भी आते हैं।

अभी तक शादी का फैसला नहीं लिया है, लेकिन अब पूरे जीवन का निचोड़ बताऊं। पहले जितना दुखी थी, अब ट्रांसवुमन बनकर उतनी ही ज्यादा खुश हूं, क्योंकि अब किसी को कुछ कहने की जरूरत नहीं पड़ती है। अब जो दिखती हूं, वही बोलना है। पहले बोलती थी, तब मजाक बनाते थे। एजुकेटेड हूं, इससे पर्सनैलिटी पर बहुत फर्क पड़ा। शायद एजुकेशन नहीं होता, तब इतना कुछ कर भी नहीं पाती। आज मेरा जो मुकाम है, वह शिक्षा ही है। शिक्षा ही मेरी ताकत है, जिससे जगमगा रही हूं। इस समय 35 साल की हूं। 33 की उम्र में जेंडर चेंज करवाया था। डॉक्टर के पास गई तो उन्होंने कहा- ऐसा नहीं होता है कि तुमने कह दिया, तो तुम्हें लड़की बना दूंगा। तुम्हें पूरी प्रक्रिया से गुजरना होगा। प्रक्रिया हुई और दो साल में मुझमें बदलाव आने शुरू हो गए और सर्जरी हुई। इस ऑपरेशन में चार लाख रुपए लगे। डिस्चार्ज के समय डॉक्टर ने लिखकर दे दिया कि आज से यह लड़का नहीं, लड़की है। इससे हमारे आधार कार्ड और पैन कार्ड में जेंडर चेंज हो जाता है।

ट्रांसवुमन बनने की प्रक्रिया के दौरान रेलवे में जॉब करती थी। मेरे हॉर्मोंस बदले तो शरीर में बदलाव आने लगा। मैं जींस और टॉप पहनने लगी तो स्टाफ के कुछ लोग सवाल उठाने लगे कि

ये क्या कर रही हो। मैंने सच बताया तो वो लोग मेरा मजाक बनाने लगे। कहने लगे कि इतने अच्छे लड़के हो, जिंदगी खराब कर रहे हो। ऐसा क्यों कर रहे हो, मां-बाप के इज्जत की धज्जियां उड़वाओगे, मां-बाप और बहनों को लोग क्या कहेंगे, तरह-तरह की बातें कहते थे। कुछ लोगों को लगता था कि ऐसा कर लूंगी, तो मुझे किन्नर उठाकर ले जाएंगे।मेरी मां मेरे साथ खड़ी रही।

कुछ लोग ऐसे भी थे, जो मुझे सपोर्ट भी करते थे। मेरी मां मेरे साथ खड़ी रहीं। उन्होंने कहा कि तुम्हें जिसमें खुशी मिले, वह करो, मैं तुम्हारे साथ हूं। मां, मां ही होती हैं। शायद वह दुखी भी होंगी तो मेरे सामने दिखाती नहीं थीं, जबकि बहनें एतराज जाहिर करती हैं। आज भी पहले जैसा प्यार नहीं है।

रेलवे डिपार्टमेंट में जेंडर चेंज करने की बारी आई, तब उन्होंने मना कर दिया। उन्होंने कहा कि तुमने पहले सूचित नहीं किया, इसलिए हम तुम्हारा नाम चेंज नहीं कर सकते। तुम्हारा नाम वही रहेगा, जो है। सर्विस रिकॉर्ड में मेरा वही नाम चल रहा था। रेलवे में सफर करते हुए और मेडिकल जांच करवाते समय अस्पताल की सुविधा में भारी दिक्कत का सामना करना पड़ता था। मेरे पास मीडिया और चैनल के लोग आने लगे। आज ऑनलाइन लोग मुझसे सलाह लेते हैं।

अभी रेलवे में जॉब कर रही हूं, लेकिन ट्रांसफर लेकर या वीआरएस लेकर मुंबई शिफ्ट होना चाहती हूं। यह मेरी इच्छा

है। अपने अंदर के डांस जुनून और कला को बाहर लाना चाहती हूं। ट्रांसवुमन की क्वालिटी को प्रूव करना चाहती हूं। भगवान क्या रास्ता दिखाएगा, यह तो पता नहीं। वहां ऐसा कोई लड़का मिलता है, जिसे लगता है कि मेरे साथ जिंदगी बिता सकता है। छोटे शहरों की छोटी सोच और बड़े शहरों की बड़ी सोच होती है। अपने जैसे लोगों की हेल्प करना चाहती हूं।

आपबीती लिखूं तो दीवारों पर जगह न बचे....

...मैं तब 13 साल की थी। होली का दिन था। पापा के दोस्त घर आए थे। मैं किचन में चाय बना रही थी। तभी पापा के दोस्त पीछे से आए और मेरे गाल पर रंग लगाने लगे। रंग लगाते-लगाते उनके हाथ मेरी कमीज के अंदर जा पहुंचे। मैं बुरी तरह से डर गई। फिर उन्होंने मेरी मां को रंग लगाया और उनकी छातियां दबा दीं। होली के कुछ दिन बाद मां ने पापा को सारी बताई, लेकिन पापा बहुत सीधे थे, हर कोई उनके सीधेपन का फायदा उठाता था। पापा के जिन दोस्तों की नजर मां पर रहती थी, वे मुझ पर भी अब नजर रखने लगे थे।

दुनिया में कोई ऐसी औरत नहीं है जिसका बचपन में यौन शोषण न हुआ हो। अगर कोई कहती है कि नहीं हुआ है तो वह झूठ बोलती है। मेरा इतना यौन शोषण हुआ है कि अगर मैं अपनी कहानी दीवारों पर लिखनी शुरू कर दूं तो दीवारें कम पड़ जाएंगी।

मेरा जन्म 1988 में उत्तर प्रदेश के बस्ती के मुंडेरवा एक गांव गूदी में हुआ। मेरे पापा चार भाई और तीन बहनें थीं। सभी के

बच्चे भी थे। पापा घर में सबसे छोटे थे। इन नाते मेरी मां घर की सबसे छोटी बहू थी। घर में मेरे ताऊ की पत्नियां और दादी मां को खूब सताते। वह दिन भर कोल्हू के बैल की तरह काम करती। खाना बनाती, खेत जाती और गायों की देखभाल करती। हमारे पास 16 गायें थीं। एक दिन पापा और दादी के बीच पैसे को लेकर खूब झगड़ा हुआ। झगड़ा इतना बढ़ गया कि पापा घर छोड़कर चले गए। उस वक्त न तो फोन था न कोई और साधन कि हम पापा को ढूंढ पाते। मां ने कुछ महीने पापा का इंतजार किया, फिर मुझे लेकर अपने मायके आ गई। वहीं से मेरे शोषण की कहानी शुरू होती है।

वहां घर में दो मामा,एक मौसी, नानी, नानी की सास, छोटे नाना और उनकी पत्नी रहती थे। यहां हमारा हाल अपने गांव से भी बदतर था। मुझे खाने में बचा हुआ सादा चावल मिलता था। मैं खुद चटनी पीस कर चावल के साथ खाती थी। छोटे नाना की शादी देर से हुई थी तो उनका छोटा बच्चा था। अगर वह खुद से ही खाट से गिर जाता तो नाना मुझे चांटा मारते। तब मां कुछ नहीं कह पाती थी। उनसे घर में कोई बात भी नहीं करता था। हर किसी को लगता था कि इसका मर्द इसे छोड़कर चला गया है सो यह अब दूसरों के मर्दों को वश में कर लेगी।

मैंने मां के बारे में गांव की औरतों को कहते सुना था कि इसका किसी के साथ चक्कर था, तभी इसका मर्द छोड़ कर भाग गया। एक दिन मां नल पर पानी भर रही थी, तभी उनके एक

मामा आए। उनके हाथ में लड्डू का डिब्बा था। उन्होंने मां से कहा कि अरे लो लड्डू खाओ..इस पर पीछे से आ रही उनकी पत्नी ने उन्हें खूब लताड़ा और मां को भी खूब गालियां दी।

हम रोज सुबह उठते, हांथ-मुंह धोते और खेत के लिए निकल जाते। खेत से वापस आने के बाद डलिया बुनने लगते थे, फिर दिन का खाना, चक्की पीसना, गायों का चारा पानी देना और फिर रात की तैयारी। ये रोज का हमारा काम था। इसी तरह एक-एक दिन करके वक्त गुजरता रहा।

मैं पांच साल की हुई तो एक स्कूल में दाखिला कर दिया गया। हम स्कूल के मास्टर को मुंशी कहते थे। जैसे ही मैं क्लास में जाती वह मुझसे पूछते कि तेरा बाप कहां गया? मैं जवाब देती कि मुझे नहीं पता, फिर वह हंसने लग जाते। स्कूल के दूसरे मास्टर भी मुझे मां-बाप को लेकर तंज मारते थे। इस वजह से स्कूल के बच्चों ने मुझे चिढ़ाना शुरू कर दिया। मैं घर आकर बहुत रोती थी। एक दिन तो मैंने मां से कह दिया कि अब स्कूल नहीं जाऊंगी और स्कूल जाना बंद कर दिया।

एक दिन मेरे एक फूफा हमें ढूंढते-ढूंढते नानी के घर आए। उन्होंने बताया कि पापा का पता उन्हें मिल गया है, वे मुंबई में हैं। उन्होंने अपने साथ हमें लखनऊ चलने के लिए कहा। हम फूफा के साथ लखनऊ आ गए। वहां से पापा को तार भेजा गया। कुछ दिन बाद पापा लखनऊ आए। आते ही उन्होंने सड़क पर मां को जोर से चांटा मारा और मां की गाली दी। मां ने

कहा कि वह ट्रेन से कटकर मर रही है, सड़क पर तमाशा होने लगा। खैर कहा सुनी के बाद मामला ठंडा हुआ। पापा ने कहा कि वह हमें अपने साथ मुंबई ले जाएंगे। इस पर फूफा ने कहा कि नहीं, हमें तुम पर भरोसा नहीं है। तुम अपनी पत्नी को वहां बेच दोगे। इसलिए लखनऊ में ही रहो। हम 5-6 महीने तुम्हारी मदद कर देंगे।

पापा मान गए। जिंदगी ऐसे ही चलती रही। 5-6 महीने तक फूफा ने हमारी मदद की। फिर पापा को एक लकड़ी के कारखाने में नौकरी मिल गई। धीरे-धीरे हमारा परिवार बढ़ा हुआ। अब हम तीन बहनें और एक भाई हो चुके थे, लेकिन हमारी आर्थिक हालत बहुत खराब थी। पापा बहुत सीधे थे और मां बहुत सुंदर थी। ऐसे में पापा की शराफत और हमारी गरीबी का फायदा उठाकर उनके दोस्त हमारे घर आने लगे।

वे लोग उम्र में पापा से भी बड़े थे। मैं उन्हें चाय देने जाती तो मेरा हाथ पकड़ लेते। आते-जाते मेरे सीने में कोहनी खुबो देते। किचन में होती तो मुझे पीछे से आकर पकड़ लेते। बेटा-बेटा बोलकर जांघों पर हाथ फेरते, मेरी पीठ सहलाने लगते। मेरे प्राइवेट पार्ट को गुजिया बताते, मेरे साथ गंदी बातें करने की कोशिश करते। होली वाले दिन मां खूब रोई और पापा से कहा कि तुम तो शराब पीकर टल्ले हुए थे और वे लोग तुम्हारी बेटी के साथ क्या-क्या कर रहे थे। तुम तो बेटी की इज्जत लुटवा दोगे। उस दिन के बाद पापा ने कभी शराब नहीं पी। अपने

दोस्तों से भी कहा कि वे हमारे घर न आएं। मैं भी अब मजबूत बन चुकी थी। पापा के दोस्तों को साफ-साफ बोल देती कि हमारे घर से चले जाओ।

लखनऊ में जहां हम रहते थे, वहीं मेरी बुआ भी रहती थी। बुआ के बेटे का अपने घर के सामने वाली एक शादीशुदा लड़की से चक्कर चल रहा था, जिसका अभी गौना होना था। यह बात उसके भाई को पता लग गई। एक दिन मैं खेलते-खेलते उनके घर चली गई। कमरे में बैठी थी तो उसके भाई ने मौका देखकर जोर से मेरी छाती दबाने लगा। अपना हाथ मेरे प्राइवेट पार्ट के अंदर डाल दिया। जबकि मैं उन्हें भैया बोलती थी। मैं 13 साल की थी और वे 30 साल के। उनकी शादी हो गई थी, बच्चा होने वाला था। मैं रोते- रोते अपने घर आ गई, लेकिन डर के मारे किसी को नहीं बताया। उसने अपनी बहन का बदला मेरे भाई से न लेकर मुझसे लिया।

फिर हम मड़ियाऊं शिफ्ट हो गए। अब मेरी दसवीं हो चुकी थी। मैं उस इलाके की एक संस्था के साथ जुड़ गई, जो पढ़ाने का काम करती थी, लेकिन हमारी आर्थिक स्थिति और भी बदतर हो गई थी। उस रोज मेरी ट्रेनिंग का हला दिन था। घर में चाय बनाने के लिए न चीनी थी न पत्ती और दूध। मां ने पानी में अजवाइन को नमक के साथ उबाल कर दिया कि इसे चाय समझ कर पी ले। मैंने उसे पिया और ट्रेनिंग के लिए निकल गई।

वहां दोपहर के खाने में मुझे दो सब्जी, दाल, रोटी और चावल मिला। मैं खाना देखकर रोने लगी। मुझे लगा कि घर में भाई-बहन भूखे हैं और मैं यहां ऐसा खाना खा रही हूं। सच पूछो तो खाना मेरे हलक से नीचे नहीं उतर रहा था। उस दिन जब मैं घर गई तो मां से पूछा कि तुम लोगों ने क्या खाया? मां ने बताया कि सब्जी वाला पूछ रहा था कि रात की बची हुई सब्जी वह फेंक दे या उसे वह बनाएगी ? तो सब्जी वाले ने साग दे दिया और घर में 5 रुपए मिल गए थे। उससे आधा किलो चावल खरीद कर साग के साथ खा लिया।

एक बार पापा को कहीं से 50 रुपए का काम मिला। वे बहुत खुश थे। कहने लगे कि चल तू चूल्हा जला मैं आटा लेकर आता हूं। आज रोटी बनाएंगे। मैंने चूल्हा जलाया, लेकिन पापा खाली हाथ आए। मैंने पूछा कि आटा कहां है तो कहने लगे कि 50 रुपए रास्ते में ही कहीं गिर गए। उस रात हमने जला चुल्हा पानी से बुझा दिया और पानी पीकर सो गए। मैं जानती हूं कि जब भूख लगती है तो कैसा लगता है और भूख क्या होती है। भूख में सूखी-बासी रोटी भी अमृत लगती है।

खैर जीवन चलता रहा। मैं जहां पढ़ाती थी वहीं एक लड़का भी पढ़ाता था। वह मेरा अच्छा दोस्त था। एक दिन हम लोगों को वाउचर जमा करना था तो उसने कहा कि वह अपना वाउचर घर भूल गया है। मैंने कहा कि ले लेते हैं। हम उसके घर लेने गए तो उसने दरवाजा बंद कर दिया। मैंने सोचा ऐसे ही किया

होगा। मैं किचन में पानी पीने चली गई। उसने मुझे पीछे से आकर जकड़ लिया। मैंने सोचा कि मजाक कर रहा होगा, अभी छोड़ देगा। उसने मुझे छोड़ा ही नहीं और जोर से जकड़ लिया। मैं चिल्लाई तो उसने मेरे कपड़े फाड़ दिए, बाल नोच लिए, मुझे जगह-जगह से काट लिया और जबरदस्ती मेरी जींस उतारने लगा।

बेल्ट की वजह से वह मेरी जींस नहीं उतार सका, लेकिन मुझे इतनी जोर से जकड़ रखा था कि मेरी सांस घुट रही थी। उसकी जकड़ जरा ढीली हुई मैं किसी तरीके वहां से भागी। मेरे बाल बिखरे हुए थे, चेहरा लाल था और एकदम बदहवास थी। मैं घर जाकर मुंह हाथ धोकर एकदम चुप हो गई। सो गई। अगले दिन से काम पर नहीं गई। खाना-पीना, बात करना लगभग छोड़ दिया था। धीरे-धीरे मैं डिप्रेशन में आ गई। मेरी हालत पागलों जैसी हो गई। मुझे पैनिक अटैक आने लगे। सब लोग मुझे पागल समझने लगे।

किसी ने कहा कि इसे पागलखाने में भर्ती करवा दो। किसी ने कहा कि ओझा के पास ले जाओ। मेरा खूब झाड़ फूंक भी हुआ। एक दिन मेरे मां-बाप मुझे पागलखाने ले गए। वहां डॉक्टर ने मुझसे बात की। मैंने डॉक्टर को सारी बात बताई, उसने मेरे मां-बाप को बुलाया और खूब लताड़ा कि इसे पागलखाने में भर्ती करने के लिए क्यों लाए हैं। मेरी काफी दिन तक काउंसलिंग हुई। डेढ़ साल के बाद धीरे-धीरे मैं ठीक होने लगी।

साल 2008 में मैंने अपनी एक संस्था बनाई, जिसका नाम रखा बाल मंच। मैं खुद किसी के यहां काम करने की बजाय अपने मंच के जरिये बच्चों को पढ़ाने लगी। इसके साथ-साथ मैंने तय किया कि मेरे साथ जो बचपन से होता आ रहा है, वह किसी और के साथ न हो। यौन शोषण और रेप के खिलाफ आवाज उठानी चाहिए। अपनी संस्था में रेप सर्वाइवर और बचपन में यौन शोषण की शिकार लड़कियों को भर्ती किया। हम 15 लड़कियां हो गईं। सभी ने मार्शल आर्ट ट्रेनिंग ली और हमने आगे यह ट्रेनिंग देनी शुरू कर दी। इसके साथ साथ हमने नुक्कड़ नाटक शुरू किए। हमारे नाटकों में बहुत भीड़ आने लगी और हमें पैसे मिलने लगे। शराबी पति, दुनिया में औरत यानी रेप, छेड़छाड़, भ्रूण हत्या, मारपीट जैसे हमारे नाटक काफी चर्चा में रहे। फिर हम रैलियों में जाने लगे।

मैंने सोचा कि हम नाटक तो करने लगे हैं। मीडिया में हमें काफी तवज्जो मिलने लगी, लेकिन हमारा कोई ड्रेस कोड नहीं है। हमारे नाटक में जो लोग हमें पैसा देते थे, हमने उनके कहा कि वह हमें पैसे न दें, कपड़ा खरीद कर दे दें। हमने लाल रंग का कुर्ता और काली सलवारें सिलवाईं। अब हम नाटक, रैली या कुछ भी करने निकलते तो सभी एक जैसी ड्रेस में निकलते। मनचले लड़के हमें छेड़ते। कोई हमें बम कहता, कोई भाभी, कोई लाल परी, कोई तितलियां, कोई उड़ाका दल...लेकिन एक दिन एक लड़के ने हमें कहा पावरफुल रेड ब्रिगेड।

बस वहीं से मैंने सोच लिया कि हम पावरफुल रेड ब्रिगेड कहलाएंगी। मीडिया ने इसे खूब कवर किया। निर्भया रेप के वक्त हम कड़ाके की सर्दी में भी जीपीओ पर बैठे रहे। जिस वजह से हमें अच्छी-खासी पहचान मिली। अभी रेड ब्रिगेड में 40 एक्टिव मेंबर हैं। सभी या तो रेप सर्वाइवर हैं या बचपन में यौन हिंसा की शिकार। जिनके अंदर गुस्सा भरा है। मैं अभी तक 2 लाख लड़कियों को वॉयलेंस के खिलाफ ट्रेनिंग दे चुकी हूं। मैं हमेशा एक सवाल जरूर पूछती हूं कि जिसके साथ कभी यौन शोषण न हुआ हो वह अपना हाथ ऊपर उठाए, एक हाथ ऊपर नहीं उठता है। इसके अलावा मैं औरतों को डिजिटल ट्रेनिंग भी देती हूं कि ऑनालाइन FIR कैसे दर्ज करा सकें।

मुझे यह पढ़ेगी बेटी, तभी तो बढ़ेगी बेटी जैसे नारे बेमानी लगते हैं। लड़कियों की सुरक्षा सबसे बड़ा मुद्दा है। मेरे पास अब जब दूसरों के केस आते हैं तो अपना गम कम लगता है। साल 2011 की बात है। हम एक रेप सर्वाइवर से मिले। हमारे शरीर में जितनी छेद होते हैं, वहां उस 17 साल की लड़की से 30-30 साल के चार मर्दों ने रेप किया था। उसके होंठ लटक कर बाहर आ गए थे, चेहरा बिगड़ गया था। सिर के बाल नुच गए थे, उसकी शक्ल डरावनी हो गई थी।

45 देशों के पत्रकार मेरा इंटरव्यू कर चुके हैं। मैं केबीसी में जा चुकी हूं। मेरी संस्था के लिए किसी ने जमीन दी तो किसी ने पैसे, लेकिन मेरा मकसद पूरा नहीं हुआ है। अभी तो शुरू हुआ

है।

(उषा विश्वकर्मा जानी-मानी वुमन एक्टिविस्ट हैं। वे रेड ब्रिगेड संस्था की फाउंडर हैं। इसके जरिए वे महिलाओं को सेल्फ डिफेंस की ट्रेनिंग देती हैं। अब तक 2 लाख से अधिक महिलाओं को ट्रेन कर चुकी हैं।)

एक एहसास

कितना मुश्किल होता है परिवार के बिना जीना। जिंदगी एक चारदीवारी के अंदर कैद हो और हर दिन पेट भरने के लिए अपने जिस्म का सौदा करना पड़े। उसे किसी और को सौंपना, जिसे जानते भी न हो, जिसके मुंह से शराब की महक आ रही हो या जिस्म से पसीने की बदबू। न कोई अपना कहने वाला हो, न कोई मां हो जिसके पल्लू में छिपकर आंसू बहा सके, गलती करने पर डांट सुनाने वाला पिता हो, न छोटी-छोटी बात पर लड़ने और प्यार करने वाला भाई हो। न जीने के लिए कोई सपना हो या प्यार करने के लिए प्रेमी। कुछ ऐसी होती है एक सेक्स वर्कर की जिंदगी जिसे अपनी तस्वीर से बयां किया है बांग्लादेश के फोटोग्राफर जीएमबी आकाश ने।

कई बार मां-बाप चाहे कितनी भी कोशिश कर लें, अपने बच्चों को कितना भी प्यार कर लें लेकिन अपने बच्चों को गलत रास्ते पर चलने से नहीं रोक पाते। ऐसे ही एक मज़बूर पिता की कहानी इस समय सोशल मीडिया पर वायरल हो रही है, जो अपनी 10 साल की बेटी को नशे के जाल में फंसने से नहीं बचा

पाया। कई तरह से प्रयास करने के बाद जब उसे और कोई तरीका नहीं सूझा तो उसने अपनी बेटी को लोहे की ज़ंज़ीर से बांध दिया। असहाय पिता की इस कहानी को बांग्लादेश के जाने माने फोटोग्राफर जीएमबी आकाश ने फेसबुक पेज पर शेयर किया। उन्होंने इस लड़की की एक फोटो भी पोस्ट के साथ शेयर की।

जीएमबी आकाश ने बांग्लादेश की 10 साल की इस लड़की और उसके 40 वर्ष के पापा कमल होसिन की कहानी उन्हीं के शब्दों में अपने फेसबुक पेज पर लिखी है। उन्होंने लिखा - पिछले दस दिनों से मैंने अपनी 10 साल की बेटी सांता को इस लोहे की चेन में बांध कर रखा है ताकि वो दोबारा घर से न भाग सके। मुझे हमेशा उसे खोने का डर लगा रहता है। पिछली बार वह आठ रातों के लिए घर से गायब हो गई थी। मैंने उसे सुबह से लेकर रात तक हर जगह ढूंढा। मैं रेलवे स्टेशनों, पार्क, बाज़ारों में हर जगह उसे ढूंढा लेकिन वो कहीं नहीं मिली। आठ रातों तक पूरी कोशिश से हर जगह ढूंढने के बाद वह मुझे फार्म गेट फूट ओवर ब्रिज पर सड़क पर रहने वाली दूसरी नशे की आदी और वेश्यावृत्ति करने वाली लड़कियों के साथ मिली। वो उस गोंद को सूंघ कर नशा कर रही थी जिसका इस्तेमाल मैं जूतों की मरम्मत करने में करता हूं। पिछले आठ महीनों से वो अक्सर घर से गायब रहती है। एक बार वो 10 रातों के लिए घर से गायब हो गई थी। मुझे लग रहा था कि मैं मर जाऊंगा, मैंने उसे

हर जगह ढूंढा। मैं इसे जब भी इस ज़ंज़ीर से आज़ाद करता हूं ये गायब हो जाती है।

मैं एक मोची हूं और पूरे महीने में सिर्फ 5000 टका कमाता हूं। इतने पैसों में इस गरीब बस्ती में इस 8 बाई 8 फीट के कमरे में हम मुश्किल से रहते हैं। मैं इसे किसी अच्छे अस्पताल में या डॉक्टर के पास नहीं ले जा सकता। जब सांता 7 साल की थी तब इसकी मां की मौत हो गई थी। इसकी मां के जाने के बाद मैं इसका अच्छे से ख्याल नहीं रख पाया और मेरी बच्ची दूसरी लड़कियों के साथ मिलकर नशे की आदी हो गई। जब भी मैं अपनी बच्ची के पैरों में ये ज़ंज़ीर बांधता हूं तो मुझे पल पल मरने जैसा अहसास होता है। मेरी आंखों में हर बार आंसू होते हैं जब भी मैं इसे लोहे की चेन में बांधता हूं लेकिन अपनी मासूम बच्ची को बचाने के लिए एक गरीब पिता के पास और कोई रास्ता नहीं है, एक ऐसी बच्ची जिसकी सुरक्षा करने के लिए उसकी मां भी नहीं हैं उसके पास। सोशल मीडिया पर ये पोस्ट तेज़ी से वायरल हो रही है। अभी तक लगभग 6 हज़ार लोग इसे लाइक कर चुके हैं और 254 लोग इस पोस्ट को शेयर कर चुके हैं।

ऐसे बदल गया एक पत्रकार की पहल पर इसकी जिंदगी

बांग्लादेश के फोटोग्राफर जीएमबी आकाश ने इस बच्ची की फोटो खींची थी और उसकी कहानी अपने फेसबुक पेज पर शेयर की थी। इसके बाद उनकी ये फेसबुक पोस्ट वायरल हो

गई। खास बात ये है कि जीएमबी आकाश की पोस्ट से इस पिता और उसकी बेटी की ज़िंदगी में एक अच्छा बदलाव आया है। उनकी पोस्ट को बढ़कर सांता और उसके पिता की मदद के लिए कई हाथ आगे आए और लोगों ने मिलकर उनकी मदद की। आकाश ने एक और फेसबुक पोस्ट लिखकर इस बारे में बताया है। वह लिखते हैं कि ---- मेरे काम से सबसे ज़्यादा खुश तब होता हूं जब मैं किसी ज़रूरतमंद शख्स या परिवार की मदद कर पाता हूं कि वो एक छोटा सा व्यवसाय शुरू करके अपने परिवार और अपनी ज़रूरतों को पूरा कर सके। इसके लिए लोगों के साथ गहन चर्चा की आवश्यकता है ताकि वे अपने जीवन को सुधार सकें। इसके बाद मैं व्यवसाय के लिए सप्लायर्स और ज़रूरत के सामान को ढूंढता हूं, लोगों को सिखाता हूं, इसके साथ ही उनके काम को देखता हूं और उनका कोच भी बन जाता हूं। इन आम लोगों की ज़िंदगी को बेहतर बनाने के लिए कोई लोन या कर्ज़ नहीं होता।

सांता के पिता से कई दिनों तक बात करने के बाद मैंने और उन्होंने तय किया कि वे रिक्शे पर सब्ज़ी बेचने का काम शुरू करेंगे जिसे चलाकर वो कहीं वे ले जाकर सब्ज़ी बेच सकेंगे और रोज़ अच्छी कमाई कर पाएंगे। सांता भी उनके साथ रहेगी और उसे एक बेहरत ज़िंदगी मिलेगी।

सांता के पिता का कहना है कि हमने उनके लिए जो किया वो ज़िंदगी में कभी नहीं भूल पाएंगे। वो इस बिजनेस का और

सांता का अच्छे से ख्याल रखेंगे और यही अब उनकी ज़िम्मेदारी है। वह इस सहायता के लिए भगवान से आपके लिए दुआ कर रहे हैं और चाहते हैं कि आप सबको जन्नत नसीब हो।उ

'शारीरिक संबंध बनाने के बाद पति बेकार समझ लिया करते थे...'

मेरे परिवार की आर्थिक हालत खींचतान के उदयपुर के आम निम्न मध्यवर्गीय घरों जैसी ही थी। इसलिए पारिवारिक बोझ कम करने के लिए मेरी शादी 18 साल की उम्र में उदयपुर रेलवे स्टेशन के पास कर दी गई। अब शादी को आठ साल बीत चुके हैं। परिवार में मेरे अलावा मेरी दो छोटी बहनें और एक भाई भी था, सो पिताजी को उनकी भी जिम्मेदारी निबाहनी थी, एक तरह से उन्हें हम बहनों को ब्याहकर अपना बोझ ही हल्का करना था।

मैं दसवीं तक स्कूल गई थी। दसवीं में भी फेल हो गई, तो दुबारा स्कूल नहीं भेजा। मां ने सिलाई—कढ़ाई और घर के कामों में मुझे जरूर निपुण बना दिया। मेरी दूर के रिश्ते में मौसी ने मेरी शादी अपनी ननद के लड़के से तय करवा दी, जो शहर में खाता—पीता एक अच्छा परिवार था। मेरे होने वाले पति ने अंग्रेजी साहित्य में एमए किया था और किसी प्राइवेट कंपनी में वो अच्छे ओहदे पर कार्यरत थे। मगर उनकी एक

दिक्कत थी कि बचपन में पोलियो के प्रकोप के चलते उनकी एक टांग ठीक से काम नहीं करती थी, इसलिए उनकी शादी मुझसे करवा दी गई।

पति मुझसे उम्र में 12 साल बड़े थे। जब ससुराल पहुंची तो शायद जिंदगी में मैंने उतना भव्य घर पहली बार देखा होगा। मगर मुझे नहीं पता था कि मेरा विवाह इसी भव्यता से हुआ था, क्योंकि उस घर के लोगों के लिए मेरी हैसियत कभी भी एक गंवार लड़की और नौकरानी से ज्यादा की नहीं रही।

मां—पिता संतुष्ट थे कि उन्होंने न सिर्फ अपनी जिम्मेदारी पूरी की है, बल्कि लड़की जिंदगी भर उन सुख—सुविधाओं को भोगेगी, जो वो उसे कभी नहीं दे पाए। ससुराल में एक अच्छी बहू की तरह मैंने चाहा कि हर किसी का मान—सम्मान रखते हुए सबको खुश रख पाउं, मगर यह सिर्फ मेरी चाहत बनकर रही। कभी किसी को खुश नहीं कर पाई मैं। पति के लिए तो सिर्फ मैं रात में उपभोग की जाने वाली वस्तु बनकर रह गई। बाकी समय मुझे वह अहसास दिलाते रहते कि तुम जैसी गरीब कन्या से विवाह करके मैंने तुम्हारा उद्धार किया है।

मेरे ससुरालियों ने मुझसे इसलिए अपने लड़के की शादी की थी क्योंकि उनका बेटा विकलांग था, और अपने स्टैंडर्ड की किसी साबूत हाथ—पैर और पढ़ी—लिखी लड़की से उनके बेटे की शादी नामुमकिन थी। इसे भी मेरी सास और ननदें दूसरों के सामने खूब बखानती थीं कि देखो हम कितने महान हैं हमने

एक गरीब लड़की को अपने घर की बहू बनाया है।

शादी के 2 महीने बाद ही घर से नौकरानी की छुट्टी कर दी गई। परिवार में मेरी 3 ननदें, दो देवर, सास—ससुर, पति और मैं थे। मैं सुबह 4 बजे उठकर परिवार के कामों में लग जाती। हालांकि मैंने इस बात की कभी शिकायत नहीं की कि मुझे अकेले सब काम करना पड़ता है, मगर जब सास बात—बात पर मायके की औकात बताती तब जरूर कुढ़कर रह जाती।

सुबह सबके नाश्ते, आॅफिस—कॉलेज का टिफिन, घर की साफ—सफाई, कपड़ों की धुलाई सब मेरे जिम्मे था। हां, खाना बनाने के बाद सास हर दिन यह जरूर सुनाती कि कंगाल घर से आई है, ये क्या खाना बनाएगी, जबकि मायके में मेरे बनाए खाने की तारीफ सभी करते थे। छोटा वाला देवर जरूर कहता कि मां क्या भाभी के पीछे पड़ी रहती हो, तुमसे तो लाख गुना अच्छा खाना बनाती है। उसे भी डांटकर सभी चुप करा देते।

घर के कामों से फुर्सत पाती तो ननदें नए—नए डिजाइन के कपड़े सिलने की फरमाइशें करतीं तो सास रिश्तेदारों के कपड़े भी मुझी से सिलवातीं। सास यह कहकर मेरे सिले कपड़े अपने रिश्तेदारों को देतीं कि मेरी बेटियों ने डिजाइन करके बनाए हैं। जब कभी किसी ने जानना चाहा कि बहू भी जानती है सिलाई—कढ़ाई तो सास मेरे मुंह पर ही कहतीं कंगालों के घरों की लड़कियां क्या जानें ये सब काम, जबकि रात—रात भर जागकर मैं कपड़े तैयार करती थी, ननदों और सास की

फरमाइश के डिजाइनर कपड़े।

अंग्रेजी साहित्य में एमए मेरा पति जितना कुंठित था, उसके बारे में सोचकर भी घिन आती है। मुझसे 12 साल बड़े मेरे पति को लगता था कि अगर मैं बाहर की दुनिया से रू—ब—रू हो जाउंगी तो मेरे पर लग जाएंगे, कोई और मुझे पटा लेगा। कभी किसी नौजवान रिश्तेदार तक को मुझतक नहीं आने दिया जाता था। मेरा भाई भी आता था तो उसके आसपास ननदें—सास बैठ जातीं।

मुझे कहीं जाने नहीं दिया जाता था। मैं अपने जरूरत का कोई सामान बाजार से नहीं ला सकती थी, सबकुछ कोई और ले आता था या पति। यहां तक कि मेरा अंडवियर—बनियान भी पति खुद लाते थे, मासिक धर्म के दौरान उपयोग होने वाला पैड भी। लिपिस्टिक बिंदी की कौन कहे!

मुझे अपनी जरूरत का सामान लाने और मायके जाने तक के लिए तरसा दिया जाता था। कारण सिर्फ कुंठा कि कहीं यह हमारे विकलांग बेटे को छोड़कर भाग न जाए, जबकि मैं ऐसा कभी नहीं सोची। मुझे कभी लगा ही नहीं कि जिंदगी में अब और किसी के साथ घर बसाने की जरूरत है। मेरी हालत यह होती कि पति को अपनी कोई जरूरत बताती तो वह कहता कि किसके लिए सजती—संवरती हो, रहोगी तो गंवार ही।

दोनों कुंठाएं एक साथ, गंवार भी और भाग जाने का डर भी मेरे पति कभी मुझे अपने साथ बाहर लेकर नहीं गए। एक बार

जब उनके ऑफिस के कुछ सहकर्मी घर पर आए और मुझे देखकर उन्होंने मेरी तारीफ की तो पति की शक्ल देखने लायक थी। दूसरों के सामने सास—ननदें ऐसे जताते जैसे मुझे रानी बनाकर रखा हुआ है।

ससुर जरूर मुझे मानते थे। जब वो सास से किसी बात पर कहते कि किस बात की कमी है जो पराए घर की लड़की को इतना खटाती हो, तो सास उन्हीं पर बरस पड़तीं। ससुर मेरे बनाए खाने की हमेशा तारीफ करते, तो सास और जली—कटी सुनातीं। सास को ससुर द्वारा मेरी तारीफ करना फूटी आंख नहीं सुहाता था। ससुर से कहतीं, तुम बीवी बेटे के लिए नहीं अपने लिए लाए हो। मेरे और ससुर के बाप—बेटी के रिश्ते पर लांछन लगाना धीरे—धीरे उनके लिए आम बात बन गई तो ससुर ने भी मेरा साथ देना छोड़ दिया।

मेरा दम घुट रहा था उस माहौल में। मैं सिर्फ एक मशीन बनकर रह गई थी, जो रोबोट की तरह कामों में व्यस्त रहती। सेक्स से तो मुझे घृणा होने लगी थी। मेरा विकलांग पति तमाम पोर्न साइटों से वीडियो देखकर मुझसे कहता कि मैं उससे वैसे ही प्यार करूं। जब मैं मना करती तो मेरा मानसिक शोषण करता मुझ पर तरह—तरह के लांछन लगाकर।

अब वह भी अपने पिता के साथ मेरा रिश्ता जोड़ने लगा था। यहां तक कि छोटे देवर से कभी—कभार हंसकर बात कर लेती तो वो भी उन्हें नागवार गुजरने लगा, कहते रीतेश मुझसे

जवान है उसके साथ तुम्हें ज्यादा मजा आता होगा। जब दिन में मैं नहीं रहता तुम गुलछर्रे उड़ाती हो। अपने विकलांग होने की भयंकर कुंठा को वो मुझसे छोटे देवर और पिता समान ससुर से सेक्स संबंधों को जोड़कर करता।

तीन साल हो गए थे ऐसे माहौल में जीते हुए। इस बीच जब एक बार मैं गर्भवती हुई और यह बात मैंने पति को बताई तो बजाय खुश होने के उन्होंने कहा कि यह उनका बच्चा नहीं है। मेरे भाई या पिता से तुम्हारा नाजायज रिश्ता है, मेरी मर्जी के बगैर मेरा गर्भ दवाइयों से गिरवा दिया मेरे पति ने। अब तो और ज्यादा नफरत होने लगी थी मुझे। मेरे ससुर ने एक बार मुझसे जरूर कहा, 'बेटा हिम्मत है तो इस नरक से बाहर निकल जाओ। कुछ नहीं रखा है इन सबके साथ। यहां तुम कब घुट—घुटकर मर जाओगी तुम्हें खुद भी पता नहीं चलेगा।'

इस बीच मेरा छोटा भाई मुझसे मिलने आया तो मैं ससुराल वालों के न चाहने के बावजूद उसके साथ चली गई। इन तीन सालों में मैं सिर्फ 4 बार अपने मायके जा पाई थी। अब तक मां को कभी बताया नहीं था कि मुझे कोई तकलीफ थी। मां—पिता को लगता था उनकी बेटी राज कर रही है, पर जब मां ने सुना तो वो परेशान हो गई।

पिता को उन्होंने मेरा दर्द बताया। पहले तो पिता ने समाज क्या कहेगा, लड़की मायके में बैठेगी तो क्या कहेंगे जैसे सवाल उठाए, मगर मां की जिद के आगे उनकी एक न चली। मैं

ससुराल लौटकर नहीं गई उसके बाद तो ससुरालियों ने डरा—धमकाकर मुझे वापस बुलाने की कोशिश की, जब मैं अपनी जिद पर अड़ी रही तो मुझे बदनाम करना शुरू कर दिया रिश्तेदारी में। जिन दूर के रिश्ते की मौसी ने मेरा रिश्ता करवाया था, उन्हें भी खूब भड़काया, कोशिश कि वो मेरे मायके वालों पर दबाव डालें कि मैं वापिस चली जाउं।

खैर 3 साल तक मानसिक शोषण के बाद मुझे मुक्ति मिली उस नरक से। मैंने कपड़े सिलने शुरू कर दिए थे, जिससे कि मां—बाप को बोझ न लगूं। दसवीं की ओपन से दुबारा परीक्षा दी और उसके बाद आईटीआई से सिलाई—कढ़ाई का कोर्स कर आज मैंने अपने बलबूते एक बुटीक खोल लिया है।

आज मैं आत्मनिर्भर हूं। कई लड़कियां सिलाई सीखकर जाती हैं मुझसे तो अच्छा लगता है कि वे आत्मनिर्भर बनें। पिता ने जब मेरी छोटी बहनों की शादी करनी चाही तो मैंने हस्तक्षेप किया कि पहले उन्हें इस लायक बन जाने दीजिए कि कल को मेरी जैसी स्थिति में फंसे तो कम से कम अपने पैरों पर तो खड़ी हो पाएं।

मेरी जैसी कई औरतों को अपना शरीर बार-बार बेचना पड़ता है"

एक औरत की जुबान से पहली बार ऐसा सुन कर मैं झिझक गया। सपना ने बेझिझक आगे कहा, "पेट के लिए करना पड़ता है। इज्जत के लिए घर में बैठ सकती हूं। लेकिन…" इसके बाद वह चुपचाप एक गली में गयी और गुम हो गयी।

देश के कोने-कोने से हजारों मज़दूर सपनों के शहर मुंबई आते हैं। लेकिन उनके संघर्ष का सफर जारी रहता है। इनमें से ज्यादातर मज़दूर असंगठित क्षेत्र से होते हैं। सुबह-सुबह शहर के नाकों पर मज़दूर औरतें भी बड़ी संख्या दिखाई देती हैं। इनमें से कइयों को काम नहीं मिलता। इसलिए कइयों को 'सपना' बनना पड़ता है। तो क्या "पलायन" का यह रास्ता "बेकारी" से होते हुए "देह-व्यापार" को जाता है?

शहर के उत्तरी तरफ, संजय गांधी नेशनल पार्क के पास दिहाड़ी मज़दूरों की बस्ती है। यहां के परिवार स्थायी घर, भोजन, पीने लायक पानी और शिक्षा के लिए जूझ रहे हैं। लेकिन विकास योजनाओं की हवाएं यहां से होकर नहीं

गुजरतीं। इन्होंने अपनी मेहनत से कई आकाश चूमती इमारतें बनायी हैं। ख़ास तौर से नवी मुंबई की तरक्की के लिए कम अवधि के ठेकों पर अंगूठा लगाया है। इन्होंने यहां की कई गिरती ईमारतों को दोबारा खड़ा किया है।

यहां आमतौर पर औरत को 1,00 रुपए और मर्द को 1,30 रुपए/दिन के हिसाब से मज़दूरी मिलती है। ठेकेदार और मज़दूरों के आपसी रिश्तों से भी मजदूरी तय होती है। एक मज़दूर को कम से कम 2,000 रुपए/महीने की ज़रूरत पड़ती है। मतलब उसका 1 दिन का खर्च 66 रुपए हुआ। इतनी आमदनी पाने के लिए परिवार की औरत भी मज़दूरी को जाती है। उसे महीने में कम से कम 20 दिन काम चाहिए। लेकिन 10 दिन ही काम मिलता है। इस तरह एक औरत के लिए 1,000 रुपए/महीना कमाना मुश्किल होता है।

यह मलाड नाके का दृश्य है। थोड़ी रात, थोड़ी सुबह का समय है। सड़क के कोने और मेडिकल के ठीक सामने मज़दूरों के दर्जनों समूह हैं। यहां औरत-मर्द एक-दूसरे के आजू-बाजू बैठ कर बतियाते हैं। यह काम पाने की सूचनाओं का अहम अड्डा है। यहां सुबह 11 बजे तक भीड़ रहती है। उसके बाद मज़दूर काम पर जाते हैं। जिन्हें काम नहीं मिलता वह घर लौट आते हैं।

लेकिन सेवंती खाली नहीं लौट सकती। इसलिए उसकी सुबह, रात में बदल जाती है। उसे नाके से जुड़ी दूसरी गलियों में पहुंच

कर देह के ग्राहक ढूंढने होते हैं।

आज रविवार होने के बावजूद उसे 3 घंटे से कोई ख़रीदार नहीं मिल रहा है। इस व्यापार में दलाल कुल कमाई का बड़ा हिस्सा निगल जाते हैं। इसलिए सेवंती दलाल की मदद नहीं चाहती। सेवंती जैसी दूसरी औरतों को भी ग्राहक के एक इशारे का इंतजार है। इनकी उम्र 14 से 45 साल है। यह 80 से 1,50 रुपए में सौदा पक्का कर सकती हैं। अगले 24 घंटों में 4 ग्राहक भी मिल गये तो बहुत हैं। यह अपने ग्राहकों से दोहरे अर्थों वाली भाषा में बात करती हैं। ऐसा पुलिस और रहवासियों से बचने के लिए किया जाता है। यह अपने असली नाम छिपा लेती हैं। इन्हें यहां सुरक्षा का एहसास नहीं है। इन्हें शारारिक और मानसिक यातनाओं का डर भी सता रहा है। यहां से कोई गर्भवती तो कोई गंभीर बीमारी की शिकार बन सकती है।

देह-व्यापार से जुड़ी तारा ने बताया, "यहां 100 में से करीब 70 औरतों की उम्र 30 साल से कम ही है। इसमें से भी करीब 25 औरतें मुश्किल से 18 साल की हैं। अब कम उम्र की लड़कियों की संख्या बढ़ रही है। 35 साल तक आते-आते औरत की आमदनी कम होने लगती है। एक औरत अपने को 20 साल से ज्यादा नहीं बेच सकती। आधे से ज्यादा औरतें पैसों की कमी के कारण यह पेशा अपनाती हैं। कुछेक औरतों पर दबाव रहता है।" पीछे खड़ी कुसुम ने कहा, "मुझे तो बच्चे और घर-बार भी संभालना होता है। मेरे सिर पर तो दबाव के ऊपर दबाव है।"

यहां ज्यादातर औरतों की यही परेशानी है।

माधुरी का पिता उसे मज़दूरी के लिए भेजता है। लेकिन वह मज़दूरी के साथ अपने शरीर से भी पैसे कमा लेती है। गिरिजा अपने भाई की बेकारी के दिनों का एकमात्र सहारा है। सुब्बा ने पति के एक्सीडेंट के बाद गृहस्थी का बोझ संभाल लिया है। जोया ने छोटी बहिन की शादी के लिए थोड़ा-थोड़ा पैसा बचाना शुरू कर दिया है। लेकिन उसकी बहिन पढ़ाई के लिए अब मुंबई आना चाहती है। जोया अपनी सच्चाई छिपाना चाहती है। उसे अपनी इज्जत के तार-तार होने की आशंका है। नगमा 45 पार की हो चुकी है। अब उसकी 14 साल की बेटी बड़की कमाती है। बड़की बाल यौन-शोषण का जीता जागता रूप है।

यहां कदम-कदम पर कई लड़कियां खड़ी हैं। यह चोरी-छिपे इस कारोबार में लगी हैं इसलिए कुल लड़कियों का असली आकड़ा कोई नहीं जानता। कोई बंगाल से है, कोई आंध्रप्रदेश से है तो कोई महाराष्ट्र से। लेकिन इनके दुख और दुविधाओं में ज्यादा फर्क नहीं है। इन्होंने अपनी चिंताओं को मेकअप की गहरी परतों से ढंक लिया है।

मोनी ने बताया, "इस पेशे से हमारा शरीर जुड़ता है, मन नहीं। हम पैसों के लिए अलग-अलग मर्दों को अपना शरीर बेचते हैं। लेकिन कई मर्द ऐसे भी हैं जो जिस्मफरोशी के लिए बार-बार ठिकाने बदलते हैं। अगर हमें ग़लत समझा जाता है तो उन्हें क्यों नही?" मोनी का सवाल देह-व्यापार के सभी पहलुओं पर

शिनाख्त करने की मांग करता है।

यह एक अहम मुद्दा है। लेकिन इसे समाज की तरह सरकार ने भी अनदेखा किया हुआ है। इसे नैतिकता, अपराध या स्वास्थ्य के दायरों से बांध दिया गया है। देखा जाए तो देह-व्यापार का ताल्लुक ग़रीबी, बेकारी और पलायन जैसी उलझनों से है। लेकिन इन उलझनों के आपसी जुड़ावों की तरफ ध्यान नहीं जाता। जबकि ऐसे आपसी जुड़ावों को एक साथ ढूंढ़ने और सुलझाने की ज़रूरत है।

भारत में देह-व्यापार की रोकथाम के लिए 'भारतीय दंडविधान, 1860' से लेकर 'वेश्यावृत्ति उन्मूलन विधेयक, 1956' बनाये गये। फिलहाल कानून के फेरबदल पर भी विचार चल रहा है। लेकिन इस स्थिति की जड़ें तो समाज की भीतरी परतों में छिपी हैं। इसकी रोकथाम तो समाज के गतिरोधों को हटाने से होगी। इस व्यापार से जुड़ी औरतें दो जून की रोटी के लिए लड़ रही हैं। इसलिए विकास नीति में लोगों के जीवन-स्तर को उठाने की बजाय उन्हें जीने के मौके देने होंगे। देह-व्यापार के गणित को हल करने के लिए उन्हें अपनी जगहों पर ही काम देने का फार्मूला इजाद करना होगा।

सरकार ने पलायन को रोकने के लिए 2005 को 'राष्ट्रीय रोजगार गारंटी योजना' चलायी। इसके जरिये साल में 100 दिनों के लिए "हर हाथ को काम और पूरा दाम" का नारा दिया गया। लेकिन इस योजना में फरवरी 2006 से मार्च 2007 के

बीच औसतन 18 दिनों का ही काम मिला। साल 2006-07 में 8,823 करोड़, 2007-08 में 15,857 करोड़ और 2008-09 में 17,076 करोड़ रुपये खर्च हुए। मतलब एक जिले में औसतन 30 करोड़ रुपये। इसका भी एक बड़ा भाग भष्ट्राचार में स्वाहा हो गया। कुल मिलाकर मज़दूरों को 30-40 दिनों का ही काम मिल पाता है। इसलिए 365 दिनों के काम की तलाश में मजदूरों का पलायन जारी है। दूरदर्शन के प्रोग्राम के बीच 'रुकावट के लिए खेद' जैसा संदेश चर्चा का विषय रहा है। "हर हाथ को काम और पूरा दाम" के नारे के आगे अब यही संदेश लगा देना चाहिए।

पलायन की रफ़्तार के मुताबिक शहर का देह-व्यापार भी तेजी से फल-फूल रहा है। बात चाहे आजादी के पहले की हो या बाद की, अब यह किस्सा चाहे कलकत्ता का हो या मुंबई का, मुंबई में ही सड़क चाहे ग्रांट रोड की हो या मीरा रोड की, उस चौराहे पर मूर्ति चाहे अंबेडकर की लगी हो या मदर टेरेसा की, बस्ती चाहे कमाठीपुरा की हो या मदनपुरा की, यहां आपको रूकमणी (हिन्दू) भी मिलेगी और रूहाना (मुसलमान) भी। लेकिन जिन्हें अपने धर्म, क्षेत्र, जुबान या जाति पर नाज है, वह कहीं नहीं दिखते। यहां के रेड सिग्नलों पर रुकी औरतों की जिंदगी बदलाव चाहती है। तस्करी के तारों से जुड़ने के पहले, उन्हें एक ग्रीन सिग्नल का इंतज़ार है।

सोच और समझ ; प्यार के नजरिए में

प्यार या प्रेम एक एहसास है। जो दिमाग से नहीं दिल से होता है प्यार अनेक भावनाओं जिनमें अलग अलग विचारो का समावेश होता है।,प्रेम स्नेह से लेकर खुशी की ओर धीरे धीरे अग्रसर करता है। ये एक मज़बूत आकर्षण और निजी जुड़ाव की भावना जो सब भूलकर उसके साथ जाने को प्रेरित करती है। ये किसी की दया, भावना और स्नेह प्रस्तुत करने का तरीका भी माना जा सकता है। जिसके उदाहरण के लिए माता और पिता होते है खुद के प्रति, या किसी जानवर के प्रति, या किसी इन्सान के प्रति स्नेहपूर्वक कार्य करने या जताने को प्यार कहा जाता हैं। सच्चा प्यार वह होता है जो सभी हालातो में आप के साथ हो दुख में साथ दे आप का और आप की खुशियों को अपनी खुशियां माने कहते हैं कि अगर प्यार होता है तो हमारी ज़िन्दगी बदल जाती है पर जिन्दगी बदलती है या नही, यह इंसान के उपर निर्भर करता है प्यार इंसान को जरूर बदल देता है प्यार का मतलब सिर्फ यह नहीं कि हम हमेशा उसके साथ रहे, प्यार तो एक-दूसरे से दूर रहने पर भी खत्म

नहीं होना चाहिए। जिसमे दूर कितने भी हो अहसास हमेशा पास का होना चाहिए। किसी से सच्चा प्यार करने वाले बहुत कम लोग हैं। लेकिन उदाहरण हैं लैला और मजनू। इनके प्यार की कोई सीमा नहीं है। यह प्यार में कुछ भी कर सकते हैं। ऐसे प्यार को लोग जनम जनमो तक याद रखेंगे।

"प्यार" शब्द ऐसा शब्द है जिसका नाम सुनकर ही हमें अच्छा महसूस होने लगता है,प्यार शब्द में वो एहसास है जिसे हम कभी नहीं खोना चाहते।इस शब्द में ऐसी पॉजिटिव एनर्जी है जो हमें मानसिक और आंतरिक खुशी प्रदान करती है। कभी कभी कष्ट देय भी होती है

प्राचीन ग्रीकों ने चार तरह के प्यार को पहचाना है: रिश्तेदारी, दोस्ती, रोमानी इच्छा और दिव्य प्रेम। प्यार को अक्सर वासना के साथ तुलना की जाती है और पारस्परिक संबध के तौर पर रोमानी अधिस्वर के साथ तोला जाता है, प्यार दोस्ती यानी पक्की दोस्ती से भी तोला जाता हैं। आम तौर पर प्यार एक एहसास है जो एक इन्सान दूसरे इन्सान के प्रति महसूस करता है।

प्रेम एक रसायन है क्योंकि यह यंत्र नहीं विलयन है,द्रष्टा और दृष्टि का। सौन्दर्य के दृश्य तभी द्रष्टा की दृष्टि में विलयित हो पाते हैं,और यही अवस्था प्रेम की अवस्था होती है। प्रेम और सौन्दर्य दोनो की उत्पत्ति और उद्दीपन की प्रक्रिया अन्तर से प्रारम्भ होती है। सौन्दर्य मनुष्य के व्यक्तित्व को प्रभावित

करता है, और प्रेम उस सौन्दर्य में समाया रहता है। प्रेम में आसक्ति होती है। यदि आसक्ति न हो तो प्रेम प्रेम न रहकर केवल भक्ति हो जाती है। प्रेम मोह और भक्ति के बीच की अवस्था है।

स्त्री व पुरुष के मध्य प्रेम होने के सात चरण होते है व प्रेम सामाप्त होने के सात चरण होते है । प्रेम होने के सात चरण पहला आकर्षण दूसरा ख्याल तीसरा मिलने की चाह चौथा साथ रहने की चाह पांचवा मिलने व बात करने के लिए कोशिश करना छठवां मिलकर इजहार करना सातवा साथ जीवन जीने के लिए प्रयत्न करना व अंत में जीवनसाथी बन जाना । प्रेम समाप्त होने के सात चरण पहला एक दूसरे के विचार व कार्यो को पसंद ना करना दूसरा झगड़े तीसरा नफ़रत करना चौथा एक दूसरे से दूरी बनना पंचवा संबंध खत्म करने के लिए विचार करना छठवां अलग होने के लिए प्रयत्न करना सातवाँ अलग हो जाना ।

यौन के जैविक मॉडल में प्यार को भूख और प्यास की तरह दिखाया गया हैं। हेलेन फिशर, प्यार की प्रमुख विशेषज्ञ हैं। उन्होनें प्यार के तजुर्बे को तीन हिस्सों में विभाजन किया हैं: हवस, आकर्षण, आसक्ति। हवस यौन इच्छा होती है। रोमानी-आकर्षण निर्धारित करती है कि आपके साथी में आपको क्या आकर्षित करता है। आसक्ति में घर बांट के जीना, माँ-बाप का कर्तव्य, आपसी रक्षा और सुरक्षा की भावना शामिल है।

वासना प्रारंभिक आवेशपूर्ण यौन इच्छा है, जो संभोग को बढ़ावा देता है। ये समागम और रसायन की रिहाई को बढ़ावा देता है। इसका प्रभाव कुछ हफ्ते या महिनों तक ही होता है। आकर्षण एक व्यक्तिगत और रोमानी इच्छा है जो एक ही मनुष्य के प्रति है जो हवस से उत्पन्न होती है। इससे एक व्यक्ति से प्रतिबद्धता बढ़ती है। जैसे जैसे मनुष्य प्यार करने लगते हैं, उनके मस्तिष्क में एक प्रकार के रसायन की रिहाई होती हैं। मनुष्य के मस्तिष्क में सुखों के केन्द्र को उत्तेजित करता है। इस वजह से दिल कि धड़कनें बढ़ जाती हैं, भूख नहीं लगती, नींद नहीं आती और उत्साह की तीव्र भावना जागृत होती है। आसक्ति ऐसा लगाव है जिससे सालों रिश्तों की बढ़ोतरी होती है। आसक्ति प्रतिबद्धता पर निर्भर करती है जैसे शादी, बच्चे या दोस्ती पर।

प्रतिबद्धता एक उम्मीद है कि ये रिश्ता हमेशा के लिये कायम रहेगा। आखिर में यौन आकर्षण और जोश है। आवेशपूर्ण प्यार, रोमानी प्यार और आसक्ति में दिखाया गया है। प्यार के सारे प्रपत्र इन घटकों का संयोजन होता हैं। पसन्द करने में आत्मीयता शामिल् होती हैं। मुग्ध प्यार में सिर्फ जोश शामिल होता हैं। खालि प्यार में सिर्फ प्रतिबद्धता शामिल हैं। रोमानी प्यार में दोनो आत्मीयता और जोश शामिल होता हैं। साथी के प्यार में आत्मीयता और प्रतिबद्धता शामिल होता हैं। बुद्धिहीन प्यार में प्रतिबद्धता और जोश शामिल हैं। आखिर् में, घाघ

प्यार में तीनों शामिल होते हैं।

प्यार को अलग-अलग तरह से परिभाषित किया जा सकता है परन्तु समझने वालों के लिए प्यार के मायने अलग-अलग होते हैं। कोई हवस को प्यार समझता है तो कोई त्याग को प्यार समझता है किसी की नजर में प्यार जिम्मेदारी है तो किसी की नजर में प्यार चिंता प्यार है कहने का मतलब है आज लोग स्वार्थ के नजरिए से ही प्यार को परिभाषित करते हैं किसी लिए कुछ किया तो वो प्यार है नही किया तो प्यार नही है। मेरी नजर में प्यार बलिदान का नाम है जो किसी भी क्षेत्र में या किसी भी व्यक्ति के लिए हो सकता है,मेरी नजरें किसी को नुकसान ना पहुंचाना भी प्यार है,किसी अपराधी का साथ ना देकर उस व्यक्ति के लिए हमारा प्यार ही जिसे हमने किसी अपराधी से बचा लिया। कुल मिलाकर सकारात्मक नजरिए से जीना और किसी को नुकसान ना पहुंचाना प्यार है।

अस्तित्व की तलाश में भटकती जिंदगी

पैदा हुई तो लड़कों के जन्म पर जितनी खुशियां मनाने का चलन है, सब मनाई गईं। लड्डू बंटे। कांसे की थाल बजी। मैं घर का इकलौता लड़का थी। मां चाव से काला टीका लगाती कि बेटे को किसी की नजर न लगे। यहां तक सब ठीक था, लेकिन परेशानी शुरू हुई, जब मैं बड़ी होने लगी। मुझे कमीज-पैंट पहनना पसंद नहीं था। मां-बहनें जरा भी घर से बाहर गईं, मैं झट से बहनों की फ्रॉक निकालकर पहन लेती।

वो मेरी अपनी दुनिया होती। सजकर देर तक आईना देखा करती। मुझे मेरा यही चेहरा पसंद था। सजा-धजा, अदाओं से दमकता हुआ, लेकिन ये थोड़ी देर के लिए ही होता। सबके घर लौटने से पहले फटाफट सारे निशान ऐसे मिटाने होते, जैसे कोई अपराधी जुर्म के निशान मिटाता है। बहनों के कपड़े तह लगाकर उनकी अलमारी में सज जाते और मैं पैंट-शर्ट पहनकर घर का दुलारा बेटा बन जाती।

कोलकाता की घनी बस्तियों में शाम यानी रसोई में पकती मछलियों की गंध के साथ संगीत और बच्चों के खेलने-कूदने की आवाजें। इसी शहर में मेरा बचपन बीता, लेकिन खेलते हुए नहीं- इधर से उधर फुटबॉल की तरह उछलते हुए। लड़कों के ग्रुप में जाती तो वे भगा देते कि मुझ जैसे छुईमुई लड़के की उनके बीच जगह नहीं। लड़कियों के पास पहुंचती तो वे इशारों में कुछ फुसफुसातीं और लड़कों के पास भेज देतीं। मैं कहीं फिट नहीं थी।

सीने पर उभार दिखने लगे। आवाज बदलने लगी, और चाल भी। यहां तक कि कपड़े चुनते हुए मैं खुद अटक जाती कि चेक वाली शर्ट पहनूं या फूलों वाली फ्रॉक। इस अटकन, इस झिझक ने मेरा बचपन बदलकर रख दिया। स्कूल में टीचर ने एब्यूज किया, तो डॉक्टरी पढ़ने के बाद मरीजों ने इलाज करवाने से मना किया। बहुत वक्त लगा, खुद को आजाद करने में।

डॉ संतोष गिरी कहती हैं- शाम की चाय सुकड़ते हुए, या फिर शॉपिंग मॉल में नहीं बताया जा सकता कि आप ट्रांसजेंडर हैं। इसमें बहुत ताकत लगती है। बताते हुए गले के साथ दिमाग की नसें भी फटती हैं। तैयार रहना होता है- अपनों से अलग रहने के लिए।

आंखों के सामने जैसे पिक्चर चल रही हो, संतोष इस तरह से अपने बचपन को याद करती हैं। वे कहती हैं- सेक्शुअल एब्यूज हो तो लड़कियां रो सकती हैं, शिकायत कर सकती हैं, लेकिन ट्रांसजेंडर के साथ एब्यूज मामूली बात होती है। वे अक्सर चुप ही रहते हैं, जैसे मैं रही।

तब मैं मिडिल स्कूल में थी, जब एक टीचर ने बात करने के बहाने मुझे क्लास में रोके रखा। बाकी क्लास खेल के मैदान में थी, और मैं टीचर के साथ अकेली। वो मुझे यहां-वहां छूने लगा। कमर और पेट पकड़कर दबाने लगा। मैं रोने लगी तो छोड़ दिया। इसके बाद तो सिलसिला चल पड़ा। हफ्ते में दो बार उसकी क्लास होती, और हर बार मैं उसकी गंदी हरकतें झेलती। जब दर्द से रोने लगती तो गोद से उतारकर भगा देता था।बातचीत में संतोष उस टीचर का पूरा नाम भी बताती हैं। वे कहती हैं, उसके कारण मुझे स्कूल के नाम से डर लगने लगा था। पढ़ाई में बहुत अच्छी थी, लेकिन क्लास में जाने से बचने लगी।

किसी से शिकायत क्यों नहीं की? मेरे सवाल पर संतोष कहती हैं- जो बच्चा अपनी पहचान से जूझ रहा हो, वो टीचर की शिकायत कैसे और किससे करेगा! लगता था जैसे अंधेरी सुरंग से गुजर रही हूं, जो कभी खत्म नहीं होगी। अकेले में अपने

शरीर को देखा करती और सोचती कि ऊपरवाले से मुझे बनाने में कोई भूल जरूर हो गई!

घर पर भी माहौल बदलने लगा था। छुप-छुपकर कपड़े पहनने का राज खुला और मेरी जमकर पिटाई हो गई। बाहरवाले शिकायत करने लगे। कोई मउगा बुलाता, कोई जनखा।

पिताजी ने एक रोज बुलाया और डपटकर कहा कि मैं 'सुधर' जाऊं। मुझ पर लड़का बनने का दबाव था। जैसे किसी पर डॉक्टर बनने या फिर परिवार चलाने का होता है। मैंने कोशिश भी की। उन्हीं जैसे कपड़े पहनती, उनकी ही तरह चलने और बोलने की कोशिश करती- लेकिन ये सब कोशिश ही थी। दिल से मैं लड़की थी। तो इस तरह से मर्दानापन जगाने की सारी कोशिशें बेकार हुईं।

फिर एक रोज पिताजी ने मुझे घर से निकाल दिया। कोलकाता की सड़कों पर भटकते हुए शाम घिरने लगी। कोई दोस्त था नहीं, जिसके घर चली जाती। रिश्तेदार पहले ही मजाक बनाते थे। भटकते हुए एक तालाब किनारे पहुंची और बैठ गई।

कहने को लड़कों के कपड़े पहने हुए थे, लेकिन ढीली-ढाली शर्ट के भीतर लड़की का दिल जोरों से धड़क रहा था। रात गहराने लगी। इसी बीच कुछ लड़के आए और मुझे घेर लिया। एक ने

टांगों पर हाथ रखा। इसके बाद का कुछ याद नहीं। मेरी आंखें अस्पताल में खुली।

शरीर पर ढेरों जख्म थे। टीस से मैं रो पड़ी। खूब खुलकर रोई। वहीं सामने स्टूल पर पिताजी बैठे थे और मुझे देखते हुए वो भी रो रहे थे। ये मुझे अपनाने की शुरुआत थी। वे समझ चुके थे कि लड़कों के कपड़ों के भीतर उनका बच्चा असल में लड़की था।

संतोष के लहजे में पश्चिम बंगाल-बिहार का लोच है। वे खुद को 'हम' कहते हुए सारी बातचीत करती हैं। घर पर कुछ राहत मिली तो कॉलेज मुंह फाड़े खड़ा था- संतोष याद करती हैं। कॉलेज में एडमिशन का समय आया। मैं लड़कों की तरह दिखने-चलने की प्रैक्टिस करके पहुंची, लेकिन हो नहीं सका। एडमिशन काउंटर से मुझे हटने को कह दिया गया। एकदम मुंह पर। मैं चुपचाप कोने में खड़ी हुई पीछे वालों को आगे बढ़ता देख रही थी। आखिर में कॉलेज यूनियन के पास पहुंची। उन्होंने खूब ठोकने-बजाने के बाद मुझे लेने पर हामी भर दी।

मैं पढ़ाई में खासी तेज थी, लेकिन एडमिशन के लिए मुझे गिड़गिड़ाना पड़ा। हालांकि, यहां हालात स्कूल से बेहतर रहे। किसी ने मुझे सेक्सुअली एब्यूज नहीं किया। मैं खुलकर लड़कियों वाले डांस करती और खूब तालियां बटोरतीं। बंगाल

में ये अच्छी बात है कि संगीत आपको जेंडर से ऊपर ला देता है। मेरे जिस शरीर की लचक और आंखों के भाव मुझे शर्मिंदा करते थे, वहीं यहां मेरा साथ देने लगे।

यानी कॉलेज के बाद से आपकी जिंदगी ट्रैक पर आ गई? संतोष बोली- नहीं! बीच में ही मैंने मेडिकल की पढ़ाई में दाखिला ले लिया। वो आखिरी साल था। इंटर्नशिप चल रही थी। फिर मैं डॉक्टर बन जाती, लेकिन मरते हुए मरीज को भी ट्रांसजेंडर डॉक्टर नहीं चाहिए।

अस्पताल में मरीजों की भीड़ होती, सब एक के ऊपर एक टूटने को तैयार कि जैसे भी हो जल्दी चेकअप हो जाए। मैं एक कोने में खाली टेबल-कुर्सी लिए बैठी रहती। सीने पर डॉक्टर के सफेद कोट के बावजूद कोई मरीज मेरी तरफ नहीं आता था। मैं आवाज भी देती तो या तो इग्नोर कर देते, या फिर कहते- हमें तो डॉक्टर को ही दिखाना है। दूसरी तरफ मेरे साथी डॉक्टरों के पास पेशेंट्स धक्कामुक्की करते होते। तब जाना कि डॉक्टरी का भी जेंडर होता है। फिर मैं कभी प्रैक्टिस नहीं कर सकी। जितना धीरज और लगन मुझमें है, शायद मैं बहुत अच्छी डॉक्टर होती, लेकिन इससे पहले मुझे लड़की या लड़का होना था।

डॉक्टर तो नहीं बन सकी, लेकिन अपनी तरह के लोगों के लिए काम करने लगी, बोलने लगी, लेकिन ये आसान नहीं। मैं ऐसे ही लोगों के लिए काम करती हूं। कहने को खासी मजबूत हो चुकी हूं, तब भी कई मामूली चीजों पर अटक जाती हूं। कपड़े चुनने जाऊं तो ऐसा कोई स्टोर नहीं, जो जेंडर न्यूट्रल कपड़े दे। लड़कियों के स्टोर में जाऊं तो सब घूरते हैं। लड़कों के स्टोर में जाऊं तो वक्त बर्बाद होता है। कभी कोई एप्लिकेशन भरूं तो मेल-फीमेल कॉलम पर अटक जाती हूं। हर जगह 'अदर' का ऑप्शन नहीं होता।

वे उन्हें चूमना नहीं चाहती

उनकी सोच बिल्कुल साफ है. वे उन मर्दों को चूमना नहीं चाहतीं जिन्होंने सेक्स के लिए पैसे दिए हैं. उन्होंने यह भी बता दिया जिन मर्दों से बदबू आती है..या जो गालियां बकते और अपनी दुख भरी कहानियां सुनाती हैं. वे उनके साथ सेक्स करना नहीं चाहतीं. वे मर्द तो और भी उबाऊ हैं जो कहते हैं कि उन्हें अपनी बीवियों से नफरत है. वेश्यालयों की महिलाओं की जुबान खुली तो वहां आने वाले मर्दों के बारे में चौंकाने वाली जानकारियां सामने आने लगी. ऐसा लगा जैसे इन मसले पर उनकी सहमति नहीं है लेकिन उन्हें खरीद लिया गया हो. यहां कई अजीबोगरीब चीजें होती हैं लेकिन अब इन महिलाएं को उसकी परवाह नहीं.

मैं मानता रहा हूं कि वेश्यालय केवल सेक्स की जगह नहीं हैं बल्कि कामोत्तेजनाएं मिटाने की जगह भी हैं. कोई उन्हें यातनाओं की जगह के रूप में भी देख सकता है जहां मर्द अपने मानसिक स्वास्थ्य को दुरुस्त रखने के लिए अपनी कल्पनाओं को शुद्ध करते हैं. एक बार, जब मैंने उनसे पूछा कि उन्हें क्या-

क्या भोगना पड़ा, उन्होंने ऐसे मर्दों की कहानियां सुनाई जिन्हें वेश्याओं को दुल्हन के जोड़े पहनाना, और रोल प्ले कराना पसंद था. ये सब रोमांटिक था, और उन्हें ये सब बुरा भी नहीं लगा.

ऐसा आदमी जो उनके कपड़े उतारकर खुद पहन लेता हो, या दूसरा जो रजस्वला स्त्री के कपड़े धोने के लिए पूछे. वो ऐसी कल्पनाओं पर हंसा करती थीं, फिर भी वे पुरुषों को ऐसा करने देतीं क्योंकि इससे उन्हें पैसे मिलते थे. किसी ने बताया कि एक आदमी इतना कामुक था कि उसने एक वेश्या को पंखे से लटका दिया और उसे मारा. और वेश्या ने भी ये सब सहा क्योंकि उसे पैसा कमाना था और आगे बढ़ना था.

बहुत पहले की बात है, वेश्याएं पुरुषों के बारे में क्या सोचती हैं, मैंने इस बारे में एक लेख लिखा था. ये बहिष्कृत औरतें अपने ग्राहकों के बारे में क्या सोचती हैं ये उसकी कहानी थी. और वो हमेशा यही कहतीं कि वो आदमियों को 'चू**' समझती हैं. वे आदमी जो उनकी गंदी सीढ़ियां चढ़कर आते हैं, या वो जो उन गलियों से औरतों को उठाकर बक्से जैसे कमरों में ले जाते हैं वो नैतिकता के सवालों से मुक्त हैं.

वो जानते थे कि उन्हें कोई नहीं आंकेगा, और एक वेश्या के आंकलन की कोई कीमत नहीं. इसलिए वे वेश्याओं के सामने उन्मुक्त हो जाते थे और उन्हें पैसे देते थे जिससे कि वे उसे पीट सकें, और दूसरे तरीकों से उन पर हावी हो सकें. वेश्याएं

बुद्धिमान होती हैं. वो जानती हैं कि आदमियों का मन बीमार होता है, और अगर उन्हें मौका मिले तो वे और खेलेंगे और अगर वे सावधान नहीं रहीं तो जाल में फंस जाएंगी. ऐसा भी नहीं है कि इस जाल में अभी तक कोई फंसी नहीं.

मैं उस युवा गर्भवती महिला से कमाठीपुरा की एक छोटी सी माइक्रोफाइनेंस यूनिट में मिली थी, जहां वो कुछ पैसे जमा कराने आई थी. पास के होटल में काम करने वाले आदमी के साथ उसकी शादी हुई थी, उसे आशा थी कि वो उसे प्यार करेगा, लेकिन उसने उसे अपना शरीर बेचने के लिए कहा जिससे कि वो और पैसे कमा सके, और उसने ऐसा ही किया. वो निराश थी. लेकिन उसे पता था कि आखिर में उसे प्यार के कुछ शब्द सुनने को मिलेंगे और वो उसके लिए काफी हैं. उसकी कहानी बहुत दुखद थी, लेकिन सभी कि कहानियां एक जैसी ही थी. इन महिलाओं ने पुरुषों को इस तरह से समझा जो हम कभी नहीं समझ सकते, और ये प्रेम और रोमांस के भ्रम के आधीन भी नहीं थीं.

हमने सिद्धांतों और साहित्य से सीखा है. हम अक्सर कुछ बुद्धिजीवी महिलाओं और पुरुषों से भरे कमरे में नारीवादी आंदोलन की बातें करते हैं और विर्जिनिया वूल्फ के लेख संग्रह 'ए रूम ऑफ वन्स ओन' का जिक्र भी करते हैं. यही नहीं, इन लेख को हम नारीवाद के बाइबल के तौर पर देखते हैं. हम कमरों में बहस करना पसंद करते हैं. हम खुद को उद्धारक के

रूप में स्थापित करना चाहते हैं जिन्होंने सभी समस्याओं को समझ लिया है. और फिर भी हममें चीजों को उस तरह से देखने की क्षमता नहीं हैं. शायद, हम सोचते ज्यादा हैं, और देखते कम हैं, और अनुभव उससे भी कम करते हैं.

वूल्फ ने लिखा था, 'पैसा बताता है कि कोई काम अगर अवैतनिक हो वह तुच्छ है.'

और केवल यह सुनने के बाद कि वे महिलाएं कैसी परिस्थिति से गुजरी होंगी, कैसे अपने शरीर के लिए मिलने वाले पैसे का लेखा-जोखा किया होगा..मैं वूल्फ के शब्दों को ठीक से समझ सका.

वेश्याएं जानती हैं कि उन्हें पैसे के हिसाब से अपनी सेवा देनी है. यहां कुछ भी मुफ्त नहीं है और वे किसी नैतिकता से भी नहीं बंधी है कि इन बातों की खुल कर चर्चा न कर सकें. हर कोई यहां ये काम पैसे के लिए कर रहा है. इस धंधे के आगे उनके व्यक्तिगत चुनाव का कोई महत्व नहीं है. और इसलिए वे यहां जो भी करती हैं, हक के साथ करती हैं.

वेश्यालय इतने लंबे समय से चल रहे हैं. उनकी छवि अय्याशी के अड्डे के तौर पर रही है. लेकिन इन दिनों यहां भी उदार तरह की बातें जैसे महिलाओं को बचाने या उनकी तस्करी खत्म करने पर बहस हो रही है. लेकिन यह बातें अभी बस एक सुहाने सपने की तरह ही लग रही हैं. सभी की कहानी यहां एक है. दुत्कार दिए जाने वाली और दुख भरी कहानी सबके पास है.

लेकिन यहां एक दूसरी कहानी भी है. दूसरा एंगल है. महिलाएं यहां एक-दूसरे को परख नहीं रही. सबका मकसद बस पैसा कमाना है और पैसे पर ही बात होती है.

दिल्ली में BDSM से जुड़ी एक कहानी पर रिसर्च करते हुए मैं 'किंकी कलेक्टिव' नाम के एक ग्रुप के कुछ सदस्यों से मिला. यह ग्रुप-2011 में बनाया गया. यह एक तरह से छिपा समाज है और खुल के सामने नहीं आता. कई शादी-शुदा हैं और BDSM से जुड़े नहीं हैं और अपनी फैंटेसी को जाहिर करने में हिचक महसूस करते हैं.

कई महीनों के मेल-जोल और बातचीत के बाद मैंने उनकी कहानी, उनके विचार को जाना. यह भी समझा कि उनके लिए अपने सेक्सुअलिटी को जाहिर कर पाना और इस पर बात करना कितना मुश्किल है. यहां मैं ऐसी महिलाओं और पुरुषों से मिला जो अच्छे पढ़े-लिखे हैं, उदारवादी हैं. उनमें कुछ तो एक्टिविस्ट हैं और अपनी महिलावादी पहचान प्रकट भी करते हैं. लेकिन फिर भी वे छिपे हुए हैं. उनका एक अपना समाज है, नेटवर्क है और वे पूरी कोशिश करते हैं कि उनकी पहचान जाहिर हो सके. वे अपनी इच्छा, अपनी फैंटेसी, अपनी सोच पर बात करेंगे लेकिन हमेशा पहचान छिपाने की शर्त पर. क्योंकि उन्हें लगता है कि समाज में नैतिकता को लेकर जो बातें होती हैं...उनका मुकाबला करना शायद मुश्किल है.

ये पुरुष और महिलाएं दूसरी रूढ़िवादी बातों पर अपनी बात

रखती रही हैं. लेकिन अपने मामले पर वे अभी खुलकर आवाज नहीं उठा सके हैं. आप उनसे इस मुद्दे पर बहस करना शुरू करें इससे पहले ही वे हार स्वीकार कर लेते हैं. मैं यह नहीं कह रहा कि मैं उनके भय को नहीं समझता. अभी लंबा समय लगेगा जब वे खुलकर बाहर आ सकेंगे और खुद की आलोचना के भय से जूझना सीखेंगे. फिर शादी, प्यार और कई दूसरी चीजें भी दांव पर लगी होंगी. अब भी कोई आजादी नहीं है. लेकिन वे खुद के व्यक्तित्व को स्वीकार कर रहे हैं और उनके पास अपनी इच्छाओं की पूर्ति के लिए एक नेटवर्क भी है.

लेकिन जब मैं एक नोटबुक पर नजर डालता हूं जो इन किस्सों-कहानियों से भरा पड़ा है कि पुरुष कैसी-कैसी मांग रखते हैं, और रेड-लाइट क्षेत्र में महिलाओं जब यह कहती हैं कि वे ज्यादा पैसे के साथ और कुछ ज्यादा समय देंगी. मुझे लगता है कि इन महिलाओं से ज्यादा वे किन्नर नारीवादी हैं जो किसी प्रकार की शर्त नहीं रखते. भले ही कैसा भी पुरुष उनके पास आए.

वे ज्याद नियंत्रित हैं. कठोर हैं. पुरुषों द्वारा बार-बार उन्हें दुत्कारा और संक्रमित किया जाता है. लेकिन फिर भी उनके पास डरने के लिए कुछ नहीं है. और इस कड़वे सच के साथ उन्होंने अपनी आजादी हासिल कर ली है. जब वे किन्नर मुस्कुराते हैं तो वह दर्द झलकता भी है. उनके शरीर पर जलते सिगरेट दागे जाते हैं. उन्हें यातनाएं झेलनी पड़ती हैं. लेकिन

चूंकि यह उनका पेशा है, बच्चे हैं..जिनका उन्हें ख्याल रखना है...वे यह सब झेलते हैं.

उनमें से किसी ने बहुत पहले मुझसे यह कभी कहा भी था, 'हम प्यार का भ्रमजाल लेकर चलते हैं'

और फिर, उस महिला ने कहा कि वह नहीं जानती कि प्यार के साथ संभोग करने के क्या मायने होते हैं. वह कभी इसकी परवाह भी नहीं करती. सेक्स उसके लिए केवल सेक्स है. यह रोमांस, दर्द, खुशी, कंसेंट थ्योरी यह सब उन लोगों के लिए है जो 'आजाद' नहीं हैं और प्यार, सेक्स और उसको जाहिर किए जाने के बारे में बहुत ज्यादा सोचते हैं. किसी दूसरे ने कहा कि कोई फिजिक्स या केमिस्ट्री नहीं होती. यह केवल बॉयलोजी है और हमें इससे पैसे मिलते हैं.

उनके लिए ऐसे संबंधों के कोई मायने नहीं है. उनकी सहमति एक प्रकार से खरीद ली गई है. वे इसकी भी परवाह नहीं करते कि BDSM का मतलब क्या है या कोई अल्टरनेट सेक्सुअलिटी है. वे पुरुषों को जानती हैं और उन्होंने कहा कि अमानुषिक सेक्स उनके लिए अनुचित है. कुछ मामलों में वे सहभागी हैं लेकिन वे उसके लिए चार्ज करती हैं और जाहिर तौर पर वे उन्हें कभी खुद को किस नहीं करने देंगी.

दिनबदिन टूटती उम्मीदें

जो होटल वेश्यावृत्ति के लिए बदनाम था, एक दिन जब वहां पुलिस ने छापा मारा और होटल में मौजूद तमाम दलालों और ग्राहकों को भागने पर मजबूर कर दिया. पुलिस की यह कार्रवाई देखकर काजल को उम्मीद जगी कि साल भर बाद आज वो दिन आया है जब उसे इस जहन्नुम से छुटकारा मिल सकेगा. फिर पुलिस वालों ने जो किया, उसके बाद काजल ज़िंदगी से मायूस हो चुकी थी और सोचती थी कि यह नरक हमेशा के लिए उसकी किस्मत बन चुका है.

काजल की कहानी इससे एक साल पहले शुरू हुई थी जब वह 12 साल की थी. मां ने एक समय तय कर रखा था लेकिन काजल उस रात देर से घर लौटी तो मां ने दरवाज़ा नहीं खोला और सज़ा देने के लिए उससे कहा कि अब वह बाहर ही रहे. कुछ देर रोने के बाद काजल घर के बाहर गली में बैठी थी. तभी वहां 22 साल का एक लड़का राज आया और उसने काजल से बात करना शुरू की.

बातों-बातों में राज ने उसे पेस्ट्री दी और एक तोहफा भी. फिर

कहा कि मां का गुस्सा शांत होने में वक्त लगेगा तब तक काजल उसके साथ चले. राज ने खिलौनों और तोहफों का लालच देकर काजल को अपने साथ चलने पर मजबूर कर दिया. काजल राज के साथ चली गई. राज का फ्लैट बड़ा था और काजल को अपनी छोटे से घर से निकलकर इस बड़े और सुविधाओं से भरे फ्लैट में आकर अच्छा लगा.

खेल-खिलौनों, नये-नये कपड़ों और चॉकलेट्स-केक रोज़मर्रा की बात थी तो काजल को राज के लाड़-प्यार में रहना अच्छा लगने लगा और उसे कभी घर की याद आई भी तो राज ने बहला-फुसला कर बाद में जाने की बात की. काजल को यहां आए करीब तीन महीने हो गए थे और उसे यहां किसी चीज़ की कोई कमी नहीं थी. राज उसका पूरा ध्यान रखता था. इस वक्त के दौरान उस फ्लैट पर कुछ लड़कों-लड़कियों का आना शुरू हुआ.

राज कुछ दिनों के लिए किसी काम से बाहर गया तो काजल से कहकर गया कि उसके रिश्ते के भाई और कुछ दोस्त उसकी देखभाल करेंगे. ये लड़के रोज़ अलग-अलग लड़कियों को फ्लैट पर लेकर आते थे तो काजल ने इस बारे में पूछा. काजल को पता चला कि ये लड़कियां पैसे कमाने के लिए यहां आती हैं.

कुछ ही दिनों में काजल को दूसरे शहर ले जाया गया और वेश्यावृत्ति के धंधे में जिस दिन वह पहली बार धकेली गई, सिवाय चीखों और आंसुओं के उसके पास कुछ नहीं था. काजल

बेतरह बदसलूकी की शिकार हो चुकी थी. यह सिलसिला शुरू हो चुका था और रोज़ाना काजल के पास औसतन 20 क्लाइंट्स आते थे जो उसके शरीर का इस्तेमाल करते थे. वह रोती रहती थी और वो लोग हंसते रहते थे.

काजल के आंसुओं को दरकिनार करते हुए जब उसके शरीर को रौंदा जाता था तब काजल आंखें बंद कर लेती थी. इसलिए नहीं कि उसे यह जुल्म दिखाई न दे बल्कि इसलिए कि उसे दर्द के अलावा और कुछ महसूस ही नहीं होता था. इन बंद आंखों से लगातार आंसू बहते रहते थे जो अगले कुछ दिनों बाद सूख भी चुके थे.

वक्त बीतता जा रहा था और कस्टमर बढ़ते जा रहे थे. कितनी ही बार काजल ने मना किया और यहां से छूट जाने की मिन्नतें कीं लेकिन हर बार उसे पीटा गया, गर्म चीज़ों से दागा गया तो कभी उस पर थूका गया. एक बार धंधे के सरगना ने काजल को एक कस्टमर के साथ जब इमोशनल होते देखा तो लात-घूंसों से पिटाई करने के बाद उसे सख़्त हिदायत दी कि प्यार नहीं करना है, बस वेश्या की तरह बर्ताव कर ज़्यादा पैसे झटकने हैं. एक साल हो चुका था काजल को यह ज़िंदगी जीते हुए. एक होटल जो वेश्यावृत्ति के लिए बदनाम था, एक दिन वहां पुलिस ने छापा मारा और लोगों को खदेड़ा तो काजल को एक पल के लिए राहत महसूस हुई कि अब उसे यहां से आज़ादी मिलने वाली है. लेकिन कुछ ही देर में तमाम नाबालिग लड़कियां जो

इस धंधे में शामिल थीं उन्हें एक कमरे में ले जाया गया और उन पुलिस वालों ने उनके अश्लील वीडियो बनाए. डरा धमकाकर, मारपीट कर उन रोती बिलखती लड़कियों के साथ वही किया जो रोज़ उनके ग्राहक किया करते थे.

एक बच्ची का पैदा होना

अब काजल पूरी तरह टूट चुकी थी और उसे कोई उम्मीद नहीं थी कि वह कभी यहां से छूट पाएगी. कई शहर, कई होटल, कई कमरे और कई लोग काजल के शरीर का इस्तेमाल कर चुके थे. कुछेक बार भागने की कोशिश नाकाम हो चुकी थी. उसके साथ की कुछ लड़कियों को भागने की सज़ा देखकर उसकी रूह कांप चुकी थी. दो साल और गुज़रने के बाद करीब 15 साल की उम्र में काजल ने एक बेटी को जन्म दिया. यह लमहा काजल के लिए खास नहीं बल्कि डरावना और दर्दनाक था.

काजल के बयान के मुताबिक उसकी बच्ची को भी वापस लाकर काजल को सौंपा गया. 16 साल की उम्र थी इस वक्त काजल की जब 4 साल बाद काजल इस दलदल से निकल सकी. अपने गणित और अनुमान के मुताबिक काजल का कहना है कि इस पूरे वक्त में उसके साथ 43 हज़ार से ज़्यादा बार रेप हुआ.

'आपने आंखों पर जो पट्टी बांध रखी है, उसे उतारें'

यह कहानी दुनिया में बहुत से इलाकों में बहुत सी लड़कियों की हो सकती है और अगर आप मानव तस्करी और वेश्यावृत्ति

की दुनिया के बारे में जानेंगे तो ऐसी कितनी ही कहानियों से वाकिफ होंगे. हिंदुस्तान, एशिया, अमेरिका, यूरोप कहीं भी यह कहानी और ऐसी हज़ारों लाखों काजल आपको मिल जाएंगी. लेकिन यह कहानी है कार्ला की जिन्हें मैक्सिको में इस ज़िंदगी से गुज़रना पड़ा.

अब कार्ला 24 साल की हैं जो महिलाओं के प्रति होने वाले इन अपराधों के खिलाफ खुलकर बोलती हैं और जागरूकता लाने की कोशिश कर रही हैं. पोप से लेकर यूएस कांग्रेस तक कार्ला अपनी कहानी बयान कर चुकी हैं. कार्ला की कहानी को यूएस के मीगन्स लॉ में बतौर साक्ष्य मानकर निर्देश तय किए जा चुके हैं.

(यह संदेश है कार्ला का जो आने वाले समय में बच्चियों को बचाने के लिए अपनी कहानी सुना रही हैं और मानव तस्करी व वेश्यावृत्ति के उलझे हुए कारोबार के खिलाफ लड़ाई लड़ने के लिए प्रेरित कर रही हैं.)